Solomon Schechter Day Schools
מתו"ק
Bible curriculum
מתו"ק – מֵיזָם תנכ"י קונסרבטיבי

CET
Learning Environments

פָּרָשַׁת יִתְרוֹ

חוֹבֶרֶת לְמִידָה

MaToK: The Bible Curriculum Project of the Solomon Schechter Day Schools
A joint project of
The United Synagogue of Conservative Judaism and
The Jewish Theological Seminary of America
MaToK is made possible by a generous grant from the
Jim Joseph Foundation

Project Directors:
Dr. Robert Abramson, Director
Department of Education, United Synagogue of Conservative Judaism

Dr. Steven M. Brown, Director (1998-2008)
Melton Research Center for Jewish Education
The Jewish Theological Seminary of America

Dr. Barry Holtz, Director (2008-   )
Melton Research Center for Jewish Education
The Jewish Theological Seminary of America

Dr. Deborah Uchill Miller, Project Director and Editor

All correspondence and inquiries should be directed to the Department
of Education, United Synagogue of Conservative Judaism,
155 Fifth Ave., NY, NY 10010

●

Edited and Produced by CET-LE Team:

Project Director and Pedagogical Editor: Zohar Harkov
Linguistic Editor: Shoshi Miran

Graphic Designer: Yael Rimon
Illustrations: Avi Katz, Art & Illstration from Israel
Computers and DTP Assistance: Roni Meiron

Publishing Coordinator: Gadi Nachmias

CET-LE Learning Environments, for the home (2002) Ltd, 16 Klausner St.
P.O.B. 39513, Tel-Aviv 61394, Israel
Tel. 972-3-6460165, http://www.cet.ac.il

ISBN: 0-8381-0084-8

Printed in Israel

We gratefully acknowledge the guidance of The MaToK Deliberation Team:

Charlotte Abramson, Solomon Schechter Day School of Essex and Union
Dr. Bonnie Botel-Sheppard, Penn-Literacy Network
Rabbi Neil Gillman, Jewish Theological Seminary of America
Charlotte Glass, Solomon Schechter Day Schools of Chicago
Dr. Tikva Frymer-Kensky (z"l), University of Chicago
Dr. Kathryn Hirsh-Pasek, Temple University
Dr. Steven Lorch, Solomon Schechter Day Schools of Manhattan
Dr. Ora Horn Prouser, Academy for Jewish Religion, New York
Rabbi Benjamin Scolnic, Temple Beth Sholom, Hamden, CT

Curriculum Writers:

Associate Editors: Marcia Lapidus Kaunfer
Ellen J. Rank

Charlotte Abramson
Gila Azrad
Rabbi Greta Brown
Mimi Brandwein
Heather Fiedler
Rebecca Friedman
Orly Gonen
Rabbi Pamela Gottfried
Penina Grossberg
Sally Hendelman

Rabbi Brad Horwitz
Rabbi Elana Kanter
Naamit Kurshan
Dr. Deborah Uchill Miller
Ellen Rank
Ami Sabari
Rabbi Jon Spira-Savett
Miriam Taub
Laura Wiseman

Teachers' guide insertions:
Rabbi Gary Karlin

Artwork: Experimental edition
Arielle Miller-Timen, Karen Ostrove

Translation:
Ruthie Bashan, Mira Bashan

Pages 67-95: English translation of the Ten Commandments draws heavily on Robert Alter's *The five books of Moses: A translation with commentary,* New York: W.W. Norton, 2004.

הַפְּגִישָׁה בֵּין יִתְרוֹ לְמֹשֶׁה

פֶּרֶק י"ח פְּסוּקִים א', ה'–י"ב

א' וַיִּשְׁמַע יִתְרוֹ כֹהֵן מִדְיָן חֹתֵן[1] מֹשֶׁה
אֵת כָּל־אֲשֶׁר עָשָׂה אֱ-לֹהִים לְמֹשֶׁה וּלְיִשְׂרָאֵל עַמּוֹ,
כִּי־הוֹצִיא ה' אֶת־יִשְׂרָאֵל מִמִּצְרָיִם.

....

ה' וַיָּבֹא יִתְרוֹ חֹתֵן מֹשֶׁה וּבָנָיו וְאִשְׁתּוֹ אֶל־מֹשֶׁה,
אֶל־הַמִּדְבָּר אֲשֶׁר־הוּא חֹנֶה[2] שָׁם הַר הָאֱ-לֹהִים.

ו' וַיֹּאמֶר אֶל־מֹשֶׁה:
"אֲנִי חֹתֶנְךָ יִתְרוֹ בָּא אֵלֶיךָ,
וְאִשְׁתְּךָ וּשְׁנֵי בָנֶיהָ עִמָּהּ."

ז' וַיֵּצֵא מֹשֶׁה לִקְרַאת חֹתְנוֹ
וַיִּשְׁתַּחוּ[3] וַיִּשַּׁק־לוֹ
וַיִּשְׁאֲלוּ אִישׁ־לְרֵעֵהוּ לְשָׁלוֹם,
וַיָּבֹאוּ הָאֹהֱלָה.

ח' וַיְסַפֵּר מֹשֶׁה לְחֹתְנוֹ
אֵת כָּל־אֲשֶׁר עָשָׂה ה' לְפַרְעֹה וּלְמִצְרַיִם
עַל אוֹדֹת[4] יִשְׂרָאֵל,
אֵת כָּל־הַתְּלָאָה[5] אֲשֶׁר מְצָאָתַם בַּדֶּרֶךְ
וַיַּצִּלֵם[6] ה'.

---

[1] **חֹתֵן:** אַבָּא שֶׁל הָאִשָּׁה שֶׁלּוֹ

[2] **חֹנֶה** (ח–נ–ה): encamped

[3] **וַיִּשְׁתַּחוּ:** הֵם הִשְׁתַּחֲווּ

[4] **עַל אוֹדֹת:** בִּגְלַל for the sake of

[5] **הַתְּלָאָה:** hardships

[6] **וַיַּצִּלֵם** (נ–צ–ל): הוּא (ה') הִצִּיל אוֹתָם

4

ט׳ וַיִּחַדְּ[8] יִתְרוֹ עַל כָּל־הַטּוֹבָה אֲשֶׁר־עָשָׂה ה׳ לְיִשְׂרָאֵל,
אֲשֶׁר הִצִּילוֹ מִיַּד מִצְרָיִם.

י׳ וַיֹּאמֶר יִתְרוֹ: "בָּרוּךְ ה׳ אֲשֶׁר הִצִּיל אֶתְכֶם
מִיַּד מִצְרַיִם וּמִיַּד פַּרְעֹה,
אֲשֶׁר הִצִּיל אֶת־הָעָם מִתַּחַת יַד־מִצְרָיִם.

י״א עַתָּה יָדַעְתִּי כִּי־גָדוֹל ה׳ מִכָּל־הָאֱ־לֹהִים,
כִּי בַדָּבָר אֲשֶׁר זָדוּ[9] עֲלֵיהֶם."

י״ב וַיִּקַּח יִתְרוֹ חֹתֵן מֹשֶׁה עֹלָה וּזְבָחִים[10] לֵא־לֹהִים,
וַיָּבֹא אַהֲרֹן וְכֹל זִקְנֵי יִשְׂרָאֵל לֶאֱכָל־לֶחֶם עִם־חֹתֵן מֹשֶׁה
לִפְנֵי הָאֱ־לֹהִים.

---

8 וַיִּחַדְּ: הוּא שָׂמַח

9 זָדוּ: עָשׂוּ רַע

10 עֹלָה וּזְבָחִים: סוּגִים שֶׁל קׇרְבָּנוֹת

קְרִיאָה מְרַפְרֶפֶת (פְּסוּקִים א', ה'–י"ב)

בְּבַקָּשָׁה:

connected with

1 **סַמְּנוּ** בְּוָרֹד בְּעַמּוּדִים 4–5 אֶת "יִתְרוֹ" וְאֶת הַכִּנּוּיִים הַקְּשׁוּרִים לִשְׁמוֹ.

סַךְ הַכֹּל _______ פְּעָמִים.

1א. מָה לוֹמְדִים מֵהַכִּנּוּיִים? _______________

____

1ב. מָה לוֹמְדִים מֵהַחֲזָרָה? _______________

____

2 **סַמְּנוּ** אֶת מֹשֶׁה וְאֶת ה'.

3 **סַמְּנוּ** בְּכָחֹל אֶת הַמִּלִּים מֵהַשֹּׁרֶשׁ הַחוֹזֵר (פְּסוּקִים ח'–י'). הַשֹּׁרֶשׁ הוּא ☐ ☐ ☐

3א. עַל מִי וְעַל מָה דִּבְּרוּ יִתְרוֹ וּמֹשֶׁה?

____

expression

4 **הַקִּיפוּ** בְּמַלְבֵּן אֶת הַבִּטּוּי הַחוֹזֵר 3 פְּעָמִים בִּפְסוּקִים א', ח', ט'.

emphasizes

4א. מָה מַדְגִּישׁ הַבִּטּוּי הַחוֹזֵר?

____

____

____

5 מָה סִפֵּר מֹשֶׁה לְיִתְרוֹ, לְדַעְתְּכֶם? **צַיְּרוּ.** (פָּסוּק ח')

- עַל פַּרְעֹה וּמִצְרַיִם:

- עַל הַתְּלָאוֹת בַּדֶּרֶךְ:

6 **הַשְׁלִימוּ.**

- יִתְרוֹ שָׁמַע (פָּסוּק א') אֶת כָּל מָה שֶׁאֱ-לֹהִים עָשָׂה לְ________________
- מֹשֶׁה סִפֵּר לַחֲתָנוֹ (פָּסוּק ח') עַל כָּל מָה שֶׁה' עָשָׂה לְ________________

7 אֵיךְ הֵגִיב יִתְרוֹ לְסִפּוּר שֶׁל מֹשֶׁה (פְּסוּקִים ט'-י"א)? **הַשְׁלִימוּ.**

- הוּא הִרְגִּישׁ ________________
- הוּא בֵּרַךְ ________________
- הוּא יָדַע ________________

ended

8 כֵּיצַד הִסְתַּיְּמָה הַפְּגִישָׁה בֵּין יִתְרוֹ לְמֹשֶׁה? (פָּסוּק י"ב)

____

____

____

קְרִיאָה מַעֲמִיקָה (פְּסוּקִים א', ה'-י"ב)

1 יִתְרוֹ שָׁמַע שֶׁה' הוֹצִיא אֶת יִשְׂרָאֵל מִמִּצְרַיִם. (פָּסוּק א')

- אֵיךְ הוּא שָׁמַע זֹאת, לְדַעְתְּכֶם? ________________

____

2 **סַמְּנוּ בְּאָדֹם** אֶת הַחֲלָקִים **הַדּוֹמִים**, **וּבְיָרֹק** אֶת הַחֲלָקִים **הַשּׁוֹנִים**.

עַל יִתְרוֹ כָּתוּב שֶׁהוּא שָׁמַע: (פָּסוּק א')	עַל מֹשֶׁה כָּתוּב שֶׁהוּא סִפֵּר: (פָּסוּק ח')
אֵת כָּל-אֲשֶׁר עָשָׂה אֱ-לֹהִים לְמֹשֶׁה וּלְיִשְׂרָאֵל עַמּוֹ	אֵת כָּל-אֲשֶׁר עָשָׂה ה' לְפַרְעֹה וּלְמִצְרַיִם... אֵת כָּל-הַתְּלָאָה

2א. מָה מַדְגִּישִׁים גַּם מֹשֶׁה וְגַם יִתְרוֹ?

____

2ב. מָה **הַהֶבְדֵּל** בֵּין מָה שֶׁעָשָׂה אֱ-לֹהִים **לְעַם יִשְׂרָאֵל**, לְבֵין מָה שֶׁעָשָׂה אֱ-לֹהִים **לְמִצְרַיִם**?

לְעַם יִשְׂרָאֵל: ________________

לְדֻגְמָה: ________________

לְפַרְעֹה וּלְמִצְרַיִם: ________________

לְדֻגְמָה: ________________

3 **סַמְּנוּ** אֶת הַבִּטּוּיִים הַמְּנֻגָּדִים (הַהֲפוּכִים):

פַּרְעֹה אָמַר לְמֹשֶׁה:	יִתְרוֹ אוֹמֵר לְמֹשֶׁה:
לֹא יָדַעְתִּי אֶת ה'... (פֶּרֶק ה' פָּסוּק ב')	עַתָּה יָדַעְתִּי כִּי-גָדוֹל ה' מִכָּל-הָאֱ-לֹהִים... (פֶּרֶק י"ח פָּסוּק י"א)

knowledge of

3א. מָה הַהֶבְדֵּל בֵּין יִתְרוֹ לְפַרְעֹה בְּקֶשֶׁר לִידִיעַת ה'?

פַּרְעֹה ____________________

יִתְרוֹ ____________________

4 עַל **בנ"י** כָּתוּב: וַיַּרְא יִשְׂרָאֵל אֶת-מִצְרַיִם מֵת עַל-שְׂפַת הַיָּם...
...וַיַּאֲמִינוּ בַּה' וּבְמֹשֶׁה עַבְדּוֹ (פֶּרֶק י"ד פְּסוּקִים ל'-ל"א)

caused

- מָה גָּרַם לִבנ"י לְהַאֲמִין בַּה'? ____________________

עַל **יִתְרוֹ** כָּתוּב: וַיִּשְׁמַע יִתְרוֹ... אֵת כָּל-אֲשֶׁר עָשָׂה אֱ-לֹהִים...
עַתָּה יָדַעְתִּי כִּי-גָדוֹל ה' מִכָּל-הָאֱ-לֹהִים... (פֶּרֶק י"ח פְּסוּקִים א', י"א)

caused

- מָה גָּרַם לְיִתְרוֹ לְהַאֲמִין בֶּאֱ-לֹהִים? (פָּסוּק א') ____________________

5 מָה עוֹזֵר לָכֶם לְהַאֲמִין בַּה' - מָה שֶׁאַתֶּם **רוֹאִים** אוֹ מָה שֶׁאַתֶּם **שׁוֹמְעִים**? **הַסְבִּירוּ**.

____

____

regarding him

6 מָה **חָשַׁב** מֹשֶׁה עַל יִתְרוֹ וּמָה **הִרְגִּישׁ** כְּלַפָּיו בְּסוֹף הַפְּגִישָׁה, לְדַעְתְּכֶם? (פְּסוּקִים א', ה'-י"ב)

הַסְבִּירוּ. ____________________

____

לִפְנֵי שֶׁמַּתְחִילִים

כַּאֲשֶׁר אוֹמְרִים "מִשְׁפָּט" - לְמָה מִתְכַּוְּנִים?

בִּקְבוּצוֹת

שַׁאֲלוּ שְׁאֵלוֹת: עַל חֻקִּים, עַל צֶדֶק, עַל שׁוֹפְטִים

מִשְׁפָּט

חֻקִּים

צֶדֶק

שׁוֹפְטִים

אַחֵר...

הַבְּעָיָה

פֶּרֶק י"ח פָּסוּק י"ג

י"ג   וַיְהִי מִמָּחֳרָת[1]

וַיֵּשֶׁב מֹשֶׁה לִשְׁפֹּט[2] אֶת־הָעָם,

וַיַּעֲמֹד הָעָם עַל־מֹשֶׁה מִן־הַבֹּקֶר עַד־הָעָרֶב.

1 מִמָּחֳרָת: the next day
2 לִשְׁפֹּט (ש-פ-ט): to judge

מִשְׁפָּט: judgement or justice
שׁוֹפֵט: a judge

1 **הַקִּיפוּ** בְּעַמּוּד 11 בְּמַלְבֵּן אֶת הַמִּלָּה "עַם", וּבְמַעְגָּל אֶת הַשֵּׁם "מֹשֶׁה":

"עַם" חוֹזֵר ______ פְּעָמִים. "מֹשֶׁה" חוֹזֵר ______ פְּעָמִים.

1א. מָה מַדְגִּישָׁה הַחֲזָרָה?

____

____

2 **סַמְּנוּ בְּצָהֹב** אֶת הַפְּעֻלָּה שֶׁמֹּשֶׁה עוֹשֶׂה.

3 **סַמְּנוּ בְּוָרֹד** אֶת הַפְּעֻלּוֹת הַמְּנֻגָּדוֹת שֶׁל מֹשֶׁה וְשֶׁל הָעָם.

3א. **הַשְׁלִימוּ:** מֹשֶׁה ______ וְהָעָם ______

4 מָה קָשֶׁה לְמֹשֶׁה וּמָה קָשֶׁה לָעָם?

כִּתְבוּ בִּלְשׁוֹנְנוּ. הִשְׁתַּמְּשׁוּ בְּכָל הַמִּלִּים שֶׁסִּמַּנְתֶּם.

לְמֹשֶׁה קָשֶׁה ______________________________

____

לָעָם קָשֶׁה ______________________________

____

situation

5 **קִרְאוּ** אֶת הַפָּסוּק וְהִסְתַּכְּלוּ בַּצִּיּוּר בְּעַמּוּד 11. אֵילוּ בְּעָיוֹת יֵשׁ בַּמַּצָּב הַזֶּה?

____

____

____

____

הַדּוּ-שִׂיחַ בֵּין יִתְרוֹ לְמֹשֶׁה

פֶּרֶק י"ח פְּסוּקִים י"ד-י"ח

י"ד וַיַּרְא חֹתֵן מֹשֶׁה אֵת כָּל-אֲשֶׁר-הוּא עֹשֶׂה לָעָם,
וַיֹּאמֶר: "מָה-הַדָּבָר הַזֶּה אֲשֶׁר אַתָּה עֹשֶׂה לָעָם?
מַדּוּעַ אַתָּה יוֹשֵׁב לְבַדֶּךָ וְכָל-הָעָם נִצָּב[1] עָלֶיךָ מִן-בֹּקֶר עַד-עָרֶב?"

ט"ו וַיֹּאמֶר מֹשֶׁה לְחֹתְנוֹ:
"כִּי[2]-יָבֹא אֵלַי הָעָם לִדְרֹשׁ אֱ-לֹהִים[3].

ט"ז כִּי-יִהְיֶה לָהֶם דָּבָר בָּא אֵלַי
וְשָׁפַטְתִּי בֵּין אִישׁ וּבֵין רֵעֵהוּ[4],
וְהוֹדַעְתִּי[5] אֶת-חֻקֵּי[6] הָאֱ-לֹהִים וְאֶת-תּוֹרֹתָיו."

1 **נִצָּב:** stations itself
2 **כִּי:** כַּאֲשֶׁר
3 **לִדְרֹשׁ אֱ-לֹהִים:** to ask God for a decision of law
4 **בֵּין אִישׁ וּבֵין רֵעֵהוּ:** between one person and another
5 **וְהוֹדַעְתִּי:** אֲנִי מְלַמֵּד I make known
6 **חֻקֵּי:** הַחֻקִּים שֶׁל the laws of
7 **נָבֹל תִּבֹּל:** you will certainly be worn out
8 **עֲשֹׂהוּ** (ע-ש-ה): לַעֲשׂוֹת אוֹתוֹ

י"ז וַיֹּאמֶר חֹתֵן מֹשֶׁה אֵלָיו:
"לֹא-טוֹב הַדָּבָר אֲשֶׁר אַתָּה עֹשֶׂה.

י"ח נָבֹל תִּבֹּל[7] גַּם-אַתָּה גַּם-הָעָם הַזֶּה אֲשֶׁר עִמָּךְ,
כִּי-כָבֵד מִמְּךָ הַדָּבָר
לֹא-תוּכַל עֲשֹׂהוּ[8] לְבַדֶּךָ."

קְרִיאָה מְרַפְרֶפֶת (פְּסוּקִים י"ד-י"ח)

בְּבַקָּשָׁה:

1 **סַמְּנוּ** בִּצְבָעִים בְּעַמּוּד 13 אֶת **דִּבְרֵי יִתְרוֹ** וְאֶת **דִּבְרֵי מֹשֶׁה**.

2 **הַקִּיפוּ** בְּמַלְבֵּן אֶת הַמִּלָּה "עַם".

יִתְרוֹ חָזַר עַל הַמִּלָּה "עַם" ______ פְּעָמִים. מֹשֶׁה חוֹזֵר ______ פְּעָמִים.

3 אֵיזוֹ בְּעָיָה רָאָה יִתְרוֹ? **הַשְׁלִימוּ**. (פָּסוּק י"ד)

מֹשֶׁה ______

הָעָם ______

הַזְּמַן ______

4 **קִרְאוּ** אֶת דִּבְרֵי יִתְרוֹ. (פְּסוּקִים י"ד, י"ז-י"ח)

ended

4א. יִתְרוֹ סִיֵּם אֶת דְּבָרָיו בַּמִּלָּה ______. **הַקִּיפוּ** אוֹתָהּ בְּמַעְגָּל.

4ב. מִצְאוּ אֶת אוֹתָהּ מִלָּה בְּפָסוּק י"ד. **הַקִּיפוּ** אוֹתָהּ בְּמַעְגָּל.

4ג. **קִרְאוּ** שׁוּב, בְּקוֹל, אֶת דִּבְרֵי יִתְרוֹ, **וְהַדְגִּישׁוּ** אֶת הַמִּלָּה הַזֹּאת.

5 גַּם מֹשֶׁה אוֹמֵר שֶׁהוּא שׁוֹפֵט לְבַד. (פְּסוּקִים ט"ו-ט"ז)

that emphasize

מִתְחוּ קַו מִתַּחַת לַמִּלִּים וְלַסִּיּוּמוֹת (**תִי**) שֶׁמַּדְגִּישׁוֹת שֶׁהוּא לְבַד.

5א. הַמִּלִּים הֵן: ______ ______ ______ ______

5ב. **קִרְאוּ** בְּקוֹל אֶת דִּבְרֵי מֹשֶׁה **וְהַדְגִּישׁוּ** אֶת הַמְּקוֹמוֹת שֶׁסִּימַנְתֶּם.

6 לְפִי יִתְרוֹ, מָה יִקְרֶה לְמשֶׁה וְלָעָם אִם הֵם יַמְשִׁיכוּ בַּדֶּרֶךְ הַזֹּאת? (פָּסוּק י"ח)

הָעָם   משֶׁה

7 צִבְעוּ אֶת הַמִּלִּים הַחוֹזְרוֹת בְּדִבְרֵי יִתְרוֹ.

מָה-הַדָּבָר הַזֶּה אֲשֶׁר אַתָּה עֹשֶׂה (פָּסוּק י"ד)

לֹא-טוֹב הַדָּבָר אֲשֶׁר אַתָּה עֹשֶׂה (פָּסוּק י"ז)

7א. מַהוּ "הַדָּבָר" הַלֹּא טוֹב שֶׁמּשֶׁה עוֹשֶׂה? (פָּסוּק י"ז)

_____

8 בְּאֵיזֶה טוֹן יִתְרוֹ אוֹמֵר אֶת דְּבָרָיו לְמשֶׁה, לְדַעְתְּכֶם? **הַסְבִּירוּ.**

_____

_____

9 צַיְּרוּ אֶת הַפָּנִים שֶׁל משֶׁה כַּאֲשֶׁר יִתְרוֹ מְדַבֵּר אִתּוֹ.

10 לְפִי דִּבְרֵי מֹשֶׁה: (פְּסוּקִים ט"ו-ט"ז)

אֶל מִי בָּא הָעָם? ______

מָתַי בָּא הָעָם? "______" (פָּסוּק ט"ז)

לָמָּה בָּא הָעָם אֶל מֹשֶׁה? ______

11 **הַמְחִיזוּ** וְ**הַצִּיגוּ** אֶת הַשִּׂיחָה בֵּין יִתְרוֹ לְמֹשֶׁה.

חִשְׁבוּ עַל הַטּוֹן שֶׁבּוֹ תַּצִּיגוּ אֶת דִּבְרֵי יִתְרוֹ וְאֶת דִּבְרֵי מֹשֶׁה, וְעַל הַתְּגוּבָה שֶׁל מֹשֶׁה.

(מָה יַחְשֹׁב, מָה יַרְגִּישׁ וּמָה יֹאמַר?)

קְרִיאָה מַעֲמִיקָה (פְּסוּקִים י"ד-י"ח)

1 לְפִי דִּבְרֵי יִתְרוֹ, הַמַּצָּב "לֹא טוֹב":

- לָעָם: כִּי ______
- לַמִּשְׁפָּט וְלַצֶּדֶק: כִּי ______

2 אֶת מִי הִזְכִּיר מֹשֶׁה פַּעֲמַיִם? (פְּסוּקִים ט"ו-ט"ז) ______

2א. מָה הִדְגִּישׁ מֹשֶׁה עַל יְדֵי הַחֲזָרָה?

______

2ב. אַתֶּם יִתְרוֹ.

relatinship

מָה אַתֶּם מְבִינִים (מִפְּסוּקִים י"ד-י"ח) עַל הַיְחָסִים בֵּין עַם יִשְׂרָאֵל לֶאֱ-לֹהִים?

______

3 יִתְרוֹ ☐ **מַזְכִּיר** ☐ **לֹא מַזְכִּיר** אֶת אֱ-לֹהִים

כִּי ______________________________

____

caused

4 מָה גָּרַם לַמַּצָּב הַ"לֹּא טוֹב":

- כַּמָּה שׁוֹפְטִים הָיוּ? ______________
- כַּמָּה אֲנָשִׁים יָדְעוּ אֶת חֻקֵּי הָאֱ-לֹהִים וְלִמְּדוּ אוֹתָם? ______________
- כַּמָּה אֲנָשִׁים יָצְאוּ מִמִּצְרַיִם? (שְׁמוֹת פֶּרֶק י"ב פָּסוּק ל"ז) ______________

4א. **הַסְבִּירוּ** אֶת הַבְּעָיָה? ______________________________

____

5 **כִּתְבוּ** שִׂיחָה בֵּין שְׁנֵי אֲנָשִׁים שֶׁעוֹמְדִים בַּתּוֹר מֵהַבֹּקֶר עַד הָעֶרֶב.

חִשְׁבוּ: מָה הֵם חוֹשְׁבִים וּמַרְגִּישִׁים, מָה מַטְרִיד אוֹתָם וְעוֹד.

6 **אֶתְגָּר:**

אֵיךְ קָרָה שֶׁמֹּשֶׁה **לֹא רָאָה** מָה שֶׁיִּתְרוֹ רָאָה, לְדַעְתְּכֶם?

7 אַתֶּם מֹשֶׁה. יִתְרוֹ אוֹמֵר לָכֶם שֶׁמָּה שֶׁאַתֶּם עוֹשִׂים הוּא "לֹא טוֹב". (פָּסוּק י"ז)

מָה דַּעְתְּכֶם עַל דִּבְרֵי יִתְרוֹ?

חִשְׁבוּ עַל כָּל הַפְּגִישָׁה בֵּין מֹשֶׁה לְיִתְרוֹ. (פְּסוּקִים א', ה'-י"ח)

מִצַּד אֶחָד

מִצַּד אַחֵר

אֲנִי הֶחְלַטְתִּי

מְיַעֲצִים לְמֹשֶׁה

בְּקְבוּצָה

advise — to improve

מָה אַתֶּם מְיַעֲצִים לְמֹשֶׁה לַעֲשׂוֹת? חִשְׁבוּ מָה לְשַׁפֵּר, וּמָה לַעֲשׂוֹת כְּדֵי שֶׁיִּהְיֶה יוֹתֵר קַל גַּם לְמֹשֶׁה וְגַם לָעָם.

- ____________________
- ____________________
- ____________________
- ____________________

מְחַפְּשִׂים שׁוֹפְטִים מַתְאִימִים

בְּקְבוּצָה

want ad — characteristics

הָכִינוּ מוֹדַעַת דְּרוּשִׁים. **חִשְׁבוּ:** מָה הֵן הַתְּכוּנוֹת הַחֲשׁוּבוֹת וְלָמָּה הֵן חֲשׁוּבוֹת.

דְּרוּשִׁים שׁוֹפְטִים לְיִשְׂרָאֵל

הַתְּכוּנוֹת הַדְּרוּשׁוֹת:

__________	__________
__________	__________
__________	__________
__________	__________

הָעֵצָה שֶׁל יִתְרוֹ

פֶּרֶק י"ח פְּסוּקִים י"ט-כ"ג

י"ט "עַתָּה שְׁמַע בְּקֹלִי אִיעָצְךָ[1]
וִיהִי אֱ-לֹהִים עִמָּךְ,
הֱיֵה אַתָּה לָעָם מוּל[2] הָאֱ-לֹהִים
וְהֵבֵאתָ אַתָּה אֶת-הַדְּבָרִים אֶל-הָאֱ-לֹהִים.

כ' וְהִזְהַרְתָּה[3] אֶתְהֶם[4] אֶת-הַחֻקִּים[5] וְאֶת-הַתּוֹרֹת,
וְהוֹדַעְתָּ[6] לָהֶם אֶת-הַדֶּרֶךְ יֵלְכוּ בָהּ
וְאֶת-הַמַּעֲשֶׂה אֲשֶׁר יַעֲשׂוּן.

כ"א וְאַתָּה תֶחֱזֶה[7] מִכָּל-הָעָם
אַנְשֵׁי-חַיִל[8]:
יִרְאֵי אֱ-לֹהִים
אַנְשֵׁי אֱמֶת
שֹׂנְאֵי בָצַע[9],
וְשַׂמְתָּ[10] עֲלֵהֶם:
שָׂרֵי[11] אֲלָפִים
שָׂרֵי מֵאוֹת
שָׂרֵי חֲמִשִּׁים
וְשָׂרֵי עֲשָׂרֹת.

1 **אִיעָצְךָ** (ע-צ-ה): אֶתֵּן לְךָ עֵצָה I will give you advice
2 **הֱיֵה אַתָּה... מוּל:** be there yourself
3 **וְהִזְהַרְתָּה:** אַתָּה תַּזְהִיר warn
4 **אֶתְהֶם:** אוֹתָם
5 **הַחֻקִּים:** laws
6 **וְהוֹדַעְתָּ** (י-ד-ע): אַתָּה תּוֹדִיעַ make known
7 **תֶחֱזֶה** (ח-ז-ה): תִּרְאֶה
8 **אַנְשֵׁי-חַיִל:** capable men
9 **בָצַע:** bribery
10 **וְשַׂמְתָּ** (ש-י-מ): תָּשִׂים
11 **שָׂרֵי...:** שָׂרִים שֶׁל chiefs of

כ״ב וְשָׁפְטוּ[12] אֶת־הָעָם בְּכָל־עֵת[13]
וְהָיָה כָּל־הַדָּבָר הַגָּדֹל יָבִיאוּ אֵלֶיךָ
וְכָל־הַדָּבָר הַקָּטֹן יִשְׁפְּטוּ־הֵם,
וְהָקֵל מֵעָלֶיךָ[14] וְנָשְׂאוּ אִתָּךְ[15].

כ״ג אִם אֶת־הַדָּבָר הַזֶּה תַּעֲשֶׂה
וְצִוְּךָ[16] אֱ-לֹהִים וְיָכָלְתָּ עֲמֹד,
וְגַם כָּל־הָעָם הַזֶּה עַל־מְקֹמוֹ[17] יָבֹא בְשָׁלוֹם."

---

[12] **וְשָׁפְטוּ** (ש-פ-ט): they will judge

[13] **עֵת**: זְמַן

[14] **וְהָקֵל מֵעָלֶיךָ**: יִהְיֶה לְךָ יוֹתֵר קַל
It will lighten (the burden) for you

[15] **וְנָשְׂאוּ** (נ-ש-א) **אִתָּךְ**: they will bear it with you

[16] **וְצִוְּךָ** (צ-ו-ה): יְצַוֶּה עָלֶיךָ

[17] **עַל־מְקֹמוֹ**: אֶל מְקוֹמוֹ

קְרִיאָה מְרַפְרֶפֶת (פְּסוּקִים י"ט-כ"ג)

בְּבַקָּשָׁה:

1 **סַמְּנוּ** בְּעַמּוּד 20, בְּפָסוּק י"ט: אֶת "אֱ-לֹהִים", אֶת "אַתָּה" וְאֶת הָ"עָם".

relationships

1א. מָה הֵם הַיְחָסִים בֵּין הַדְּמֻיּוֹת? **צַיְּרוּ** קַוִּים.

מֹשֶׁה

הָעָם

אֱ-לֹהִים

mentioned

1ב. לָמָּה הִזְכִּיר יִתְרוֹ אֶת אֱ-לֹהִים ______ פְּעָמִים, לְדַעְתְּכֶם?

______

______

2 לְפִי דִּבְרֵי יִתְרוֹ, לְמֹשֶׁה שְׁנֵי תַּפְקִידִים "מוּל הָאֱ-לֹהִים". מָה הֵם? (פְּסוּקִים י"ט-כ')

- לְהָבִיא אֶת דִּבְרֵי הָעָם ______
- לְהָבִיא אֶת תּוֹרַת אֱ-לֹהִים ______

3 **הַקִּיפוּ** בְּמַעְגָּל אֶת כָּל הַפְּעֻלּוֹת שֶׁמֹּשֶׁה צָרִיךְ לַעֲשׂוֹת, לְפִי דִּבְרֵי יִתְרוֹ. (פְּסוּקִים י"ט-כ"א)

3א. הַפְּעֻלּוֹת הֵן: ______ ______

______ ______

4 **סַמְּנוּ** בְּכָחֹל אֶת הַתְּכוּנוֹת שֶׁל הַשּׁוֹפְטִים. (פָּסוּק כ"א)

5 מָה אָמַר יִתְרוֹ לְמֹשֶׁה? **הַתְאִימוּ:** (פְּסוּקִים י"ט-כ"א)

בִּלְשׁוֹנֵנוּ	בִּלְשׁוֹן הַתּוֹרָה
תָּבִיא אֶת הַבְּעָיוֹת שֶׁל הָעָם לֶאֱ-לֹהִים	וְשַׂמְתָּ עֲלֵהֶם שָׂרֵי... (פָּסוּק כ"א)
תְּלַמֵּד אֶת הָעָם לִשְׁמֹר עַל הַחֻקִּים	וְאַתָּה תֶחֱזֶה מִכָּל-הָעָם אַנְשֵׁי-חַיִל (פָּסוּק כ"א)
תַּדְרִיךְ אֶת הָעָם לָלֶכֶת בְּדַרְכֵי ה' וּלְקַיֵּם אֶת מִצְווֹתָיו	וֶהֵבֵאתָ אַתָּה אֶת-הַדְּבָרִים אֶל-הָאֱ-לֹהִים (פָּסוּק י"ט)
תִּבְחַר אֶת הָאֲנָשִׁים הַטּוֹבִים בָּעָם	וְהוֹדַעְתָּ לָהֶם אֶת-הַדֶּרֶךְ יֵלְכוּ בָהּ וְאֶת-הַמַּעֲשֶׂה אֲשֶׁר יַעֲשׂוּן (פָּסוּק כ')
"תָּשִׂים" שׁוֹפְטִים (שָׂרִים)	וְהִזְהַרְתָּה אֶתְהֶם אֶת-הַחֻקִּים וְאֶת-הַתּוֹרֹת (פָּסוּק כ')

6 מִמִּצְרַיִם יָצְאוּ "כְּשֵׁשׁ-מֵאוֹת אֶלֶף רַגְלִי הַגְּבָרִים לְבַד מִטָּף." (פֶּרֶק י"ב פָּסוּק ל"ז)

will appoint

כַּמָּה שׁוֹפְטִים יְמַנֶּה מֹשֶׁה?

	מִסְפַּר הַשּׁוֹפְטִים	
$\frac{1}{10}$ מִ- 600,000		שָׂרֵי עֲשָׂרוֹת
$\frac{1}{50}$ מִ- 600,000		שָׂרֵי חֲמִשִּׁים
$\frac{1}{100}$ מִ- 600,000		שָׂרֵי מֵאוֹת
$\frac{1}{1000}$ מִ- 600,000		שָׂרֵי אֲלָפִים
סַךְ הַכֹּל:		

7 מִי יִשְׁפֹּט:

- אֶת "הַדְּבָרִים הַגְּדוֹלִים"? ______
- אֶת "הַדְּבָרִים הַקְּטַנִּים"? ______

8 אֵיךְ הָעֵצָה שֶׁל יִתְרוֹ תַּעֲזֹר? (פְּסוּקִים כ"ב–כ"ג)

לְמֹשֶׁה? ______
______ (פָּסוּק ______)

לָעָם? ______
______ (פָּסוּק ______)

קְרִיאָה מַעֲמִיקָה (פְּסוּקִים י"ט–כ"ג)

1 לָמָּה יִתְרוֹ נָתַן לְמֹשֶׁה עֵצָה שֶׁהוּא לֹא בִּקֵּשׁ, לְדַעְתְּכֶם?

______

______

2 **כִּתְבוּ** אֶת הַצִּטּוּט הַמַּתְאִים **וּצְבְעוּ** אֶת הַמִּלִּים הַהֲפוּכוֹת.

מָה יִתְרוֹ רָאָה (פָּסוּק י"ח)	מָה יִתְרוֹ רוֹצֶה שֶׁיִּקְרֶה (פָּסוּק כ"ב)
כִּי-כָבֵד מִמְּךָ הַדָּבָר	______
לֹא-תוּכַל עֲשׂהוּ לְבַדֶּךָ	______

24

מָה עָשָׂה יִתְרוֹ כְּדֵי שֶׁמֹּשֶׁה יְקַבֵּל אֶת עֲצָתוֹ? (פְּסוּקִים י"ט-כ"ב)

1 יִתְרוֹ דִּבֵּר אֶל מֹשֶׁה. **הַשְׁלִימוּ:**

- **בַּהַתְחָלָה** הוּא מְדַבֵּר עַל הַתַּפְקִידִים שֶׁל ____________ (פְּסוּקִים י"ט-כ')
- **בַּסּוֹף** הוּא מְדַבֵּר עַל הַתַּפְקִידִים שֶׁל ____________ (פְּסוּקִים כ"א-כ"ב)

1א. לָמָּה יִתְרוֹ דִּבֵּר בַּסֵּדֶר הַזֶּה, לְדַעְתְּכֶם?

____

____

____

1ב **אֶתְגָּר:**

אֵיךְ מֹשֶׁה הָיָה מֵגִיב אִם יִתְרוֹ הָיָה מַתְחִיל עִם הַתַּפְקִיד שֶׁל הַשּׁוֹפְטִים, לְדַעְתְּכֶם?

____

____

____

2 תְּנוּ שֵׁם לַתַּפְקִיד שֶׁל מֹשֶׁה, לְפִי יִתְרוֹ:

3
- יִתְרוֹ חָזַר עַל הַמִּלָּה "אַתָּה" (עַמּוּד 20) ________ פְּעָמִים.
- יִתְרוֹ חָזַר עַל הַסִּיֹּמֶת "תָ" ________ פְּעָמִים.
- יִתְרוֹ חָזַר עַל הַסִּיֹּמֶת "ךָ" ________ פְּעָמִים.

ends

4 אַתֶּם מֹשֶׁה. אַתֶּם שׁוֹמְעִים אֶת הַחֲזָרוֹת. מָה אַתֶּם מְבִינִים? (פָּסוּק י"ט)

_____

_____

5 **נְסַכֵּם:** מָה עָשָׂה יִתְרוֹ כְּדֵי שֶׁמֹּשֶׁה יַקְשִׁיב לוֹ וִיקַבֵּל אֶת עֲצָתוֹ? **הַשְׁלִימוּ:**

• קֹדֶם דִּבֵּר עַל הַתַּפְקִיד שֶׁל _____ וְאַחַר כָּךְ, עַל הַתַּפְקִיד שֶׁל _____

• חָזַר עַל הַמִּלִּים הַחֲשׁוּבוֹת: _____

6 **אֵיךְ יָגִיב מֹשֶׁה** עַל הָעֵצָה שֶׁל יִתְרוֹ, לְדַעְתְּכֶם? **חִשְׁבוּ:** מָה יֹאמַר? מָה יַעֲשֶׂה? אֵיךְ יַרְגִּישׁ?

_____

_____

tips

7 **כִּתְבוּ** סִפּוּר שֶׁבּוֹ אַתֶּם נוֹתְנִים עֵצָה. הִשְׁתַּמְּשׁוּ בְּ"טִיפִּים" שֶׁלְּמַדְתֶּם מִיִּתְרוֹ.

_____

_____

_____

_____

_____

_____

_____

אֵילוּ תְּכוּנוֹת צָרִיךְ שׁוֹפֵט? (פָּסוּק כ"א)

1 לַתְּכוּנָה "אַנְשֵׁי חַיִל" יְכוֹלִים לִהְיוֹת כַּמָּה פֵּרוּשִׁים: **בַּחֲרוּ וְהַסְבִּירוּ.**

- ☐ אַנְשֵׁי מִלְחָמָה
- ☐ courageous אֲנָשִׁים אַמִּיצִים
- ☐ to influence אֲנָשִׁים שֶׁעוֹמְדִים עַל דַּעְתָּם (אִי אֶפְשָׁר לְהַשְׁפִּיעַ עֲלֵיהֶם לְשַׁנּוֹת אֶת דַּעְתָּם)
- ☐ people with good values אֲנָשִׁים בַּעֲלֵי מִדּוֹת טוֹבוֹת - שֶׁל צֶדֶק וּמוּסָר
- ☐ well known אֲנָשִׁים מֻכָּרִים
- ☐ אַחֵר: ______

כִּי ______

2 אֵיךְ מִתְנַהֵג שׁוֹפֵט שֶׁיֵּשׁ לוֹ הַתְּכוּנוֹת הָאֵלֶּה, לְדַעְתְּכֶם? (פָּסוּק כ"א)

יְרֵא אֱ-לֹהִים

- מָה הוּא עוֹשֶׂה? ______
- מָה הוּא לֹא עוֹשֶׂה? ______

אִישׁ אֱמֶת

- מָה הוּא עוֹשֶׂה? ______
- מָה הוּא לֹא עוֹשֶׂה? ______

שׂוֹנֵא בֶּצַע

- מָה הוּא עוֹשֶׂה? ______
- מָה הוּא לֹא עוֹשֶׂה? ______

רָשִׁ"י

don't practice favoritism who don't need flattery

אַנְשֵׁי חַיִל: עֲשִׁירִים, שֶׁאֵין צְרִיכִים לְהַחֲנִיף וּלְהַכִּיר פָּנִים

flattery

- רָשִׁ"י חוֹשֵׁב שֶׁשָּׂרִים **עֲשִׁירִים** לֹא צְרִיכִים שֶׁיִּתְחַנְּפוּ אֲלֵיהֶם. לָמָּה, לְדַעְתְּכֶם?

____

- רָשִׁ"י חוֹשֵׁב שֶׁשָּׂרִים **עֲשִׁירִים** לֹא צְרִיכִים "לְהַכִּיר פָּנִים". לָמָּה, לְדַעְתְּכֶם?

____

- לָמָּה לְהַחְנִיף וּ"לְהַכִּיר פָּנִים" זוֹ בְּעָיָה?

____

5א. הַאִם גַּם אַתֶּם חוֹשְׁבִים שֶׁהַשָּׂרִים צְרִיכִים לִהְיוֹת "עֲשִׁירִים"? ☐ כֵּן ☐ לֹא

כִּי ______________________________

in a society

3 מָה יִקְרֶה בְּחֶבְרָה שֶׁהַשּׁוֹפְטִים בָּהּ אֵינָם "יִרְאֵי אֱ-לֹהִים", "אַנְשֵׁי אֱמֶת" וְ"שׂוֹנְאֵי בֶּצַע", לְדַעְתְּכֶם?

____

____

4 **אֶתְגָּר:** בַּחֲרוּ אֶת הַתְּכוּנָה הֲכִי חֲשׁוּבָה, לְדַעְתְּכֶם. **הַסְבִּירוּ.** (פָּסוּק כ"א)

____

____

____

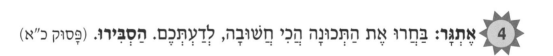

אֵיךְ יִשְׁפְּטוּ? מִי יִשְׁפֹּט אֶת מִי, וְאֶת מָה? (פָּסוּק כ"ב)

cases = "דְּבָרִים"

1 מַהוּ "דָּבָר גָּדוֹל" (פָּסוּק כ"ב), לְדַעְתְּכֶם?

1א. **תְּנוּ דֻּגְמָה** לְ"דָבָר גָּדוֹל" **וְהַסְבִּירוּ** לָמָּה הוּא "גָּדוֹל".

2 מַהוּ "דָּבָר קָטָן" (פָּסוּק כ"ב), לְדַעְתְּכֶם?

2א. **תְּנוּ דֻּגְמָה** לְ"דָבָר קָטָן" **וְהַסְבִּירוּ** לָמָּה הוּא "קָטָן".

3 מָתַי יָבִיאוּ הַשּׁוֹפְטִים אֶת הַבְּעָיָה לְמֹשֶׁה, לְדַעְתְּכֶם? **תְּנוּ דֻּגְמָה.**

עַל רִיב וְעַל מִשְׁפַּט צֶדֶק

לְמִי נָבִיא אֶת הַמִּקְרֶה: לְמֹשֶׁה אוֹ לַשּׁוֹפְטִים?

an incident

א. רִיב עִם הַכֹּהֲנִים

אֲנָשִׁים מִבְּנֵי יִשְׂרָאֵל: לְקַחְתֶּם לְעַצְמְכֶם חֲלָקִים מִבְּשַׂר הַקָּרְבָּנוֹת שֶׁאֲנַחְנוּ הֵבֵאנוּ!

permitted

הַכֹּהֲנִים: לָקַחְנוּ רַק אֶת מָה שֶׁמֻּתָּר לָנוּ לָקַחַת.

אֲנָשִׁים מִבְּנֵי יִשְׂרָאֵל: אַתֶּם גַּם אוֹכְלִים אֶת הַבָּשָׂר!

הַכֹּהֲנִים: אֲנַחְנוּ כֹּהֲנִים! אֲנַחְנוּ לֹא גּוֹנְבִים וְלֹא מְשַׁקְּרִים!

an incident

- אֶת הַמִּקְרֶה נָבִיא לְ ____________
- כִּי ____________

____

ב. רִיב עַל כַּד

דִּינָה: תָּמָר לָקְחָה אֶת הַכַּד שֶׁלִּי!

תָּמָר: לֹא לָקַחְתִּי!

מִיכַל: אֲנִי רָאִיתִי שֶׁהִיא לָקְחָה!

- אֶת הַמִּקְרֶה נָבִיא לְ ____________
- כִּי ____________

____

ג. רִיב עַל כֶּסֶף

רוּת: רְאוּבֵן, אֵיפֹה הַכֶּסֶף שֶׁהִלְוֵיתִי לְךָ? that I loaned

רְאוּבֵן: אַתְּ נָתַתְּ לִי אֶת הַכֶּסֶף, לֹא בִּקַּשְׁתִּי מִמֵּךְ.

רוּת: אַתָּה בִּקַּשְׁתָּ מִמֶּנִּי כֶּסֶף לִקְנוֹת מַתָּנָה לְאִמָּא שֶׁלְּךָ!

רְאוּבֵן: אֲנִי לֹא בִּקַּשְׁתִּי. זֶה הָיָה הָרַעְיוֹן שֶׁלָּךְ לָתֵת לִי.

• אֶת הַמִּקְרֶה נָבִיא לְ‎_____

• כִּי _____

_____

_____

ד. מִרְיָם וְהַשּׁוֹפֵט

יָעֵל וּמִרְיָם הָלְכוּ לְבֵית הַמִּשְׁפָּט. הַשּׁוֹפֵט הֶחְלִיט שֶׁמִּרְיָם צוֹדֶקֶת. decided

אַחֲרֵי הַמִּשְׁפָּט יָעֵל שָׁמְעָה שֶׁמִּרְיָם הִיא חֲבֵרָה שֶׁל הַשּׁוֹפֵט.

יָעֵל חוֹשֶׁבֶת שֶׁאוּלַי לֹא הָיָה מִשְׁפָּט צֶדֶק. הִיא מְבַקֶּשֶׁת מִשְׁפָּט חָדָשׁ.

• אֶת הַמִּקְרֶה נָבִיא לְ‎_____

• כִּי _____

_____

_____

סוֹף דָּבָר – הַתְּגוּבָה שֶׁל מֹשֶׁה

פֶּרֶק י"ח פְּסוּקִים כ"ד-כ"ז

כ"ד וַיִּשְׁמַע מֹשֶׁה לְקוֹל חֹתְנוֹ,
וַיַּעַשׂ[1] כֹּל אֲשֶׁר אָמָר.

כ"ה וַיִּבְחַר מֹשֶׁה אַנְשֵׁי-חַיִל מִכָּל-יִשְׂרָאֵל
וַיִּתֵּן אֹתָם רָאשִׁים[2] עַל-הָעָם,
שָׂרֵי אֲלָפִים
שָׂרֵי מֵאוֹת
שָׂרֵי חֲמִשִּׁים
וְשָׂרֵי עֲשָׂרֹת.

כ"ו וְשָׁפְטוּ אֶת-הָעָם בְּכָל-עֵת[3],
אֶת-הַדָּבָר הַקָּשֶׁה יְבִיאוּן[4] אֶל-מֹשֶׁה
וְכָל-הַדָּבָר הַקָּטֹן יִשְׁפּוּטוּ הֵם.

כ"ז וַיְשַׁלַּח מֹשֶׁה אֶת-חֹתְנוֹ,
וַיֵּלֶךְ לוֹ אֶל-אַרְצוֹ.

1 **וַיַּעַשׂ** (ע-ש-ה): עָשָׂה
2 **רָאשִׁים:** רֹאשׁ אֶחָד, רָאשִׁים רַבִּים
3 **עֵת:** זְמַן
4 **יְבִיאוּן** (ב-ו-א): יָבִיאוּ אוֹתוֹ

בְּבַקָּשָׁה:

1 **הַשְׁלִימוּ:** בְּפָסוּק י"ט יִתְרוֹ אוֹמֵר לְמֹשֶׁה:

"______________________________"

בְּפָסוּק י"ד כָּתוּב: "______________________________"

1א. צַטְּטוּ זֶה מוּל זֶה מָה עָשָׂה מֹשֶׁה.

suggested

יִתְרוֹ הִצִּיעַ: (פְּסוּקִים כ"א-כ"ב)	**מֹשֶׁה עָשָׂה:** (פְּסוּקִים כ"ה-כ"ו)
• וְאַתָּה תֶחֱזֶה מִכָּל-הָעָם אַנְשֵׁי-חַיִל יִרְאֵי אֱ-לֹהִים אַנְשֵׁי אֱמֶת שֹׂנְאֵי בָצַע	• ______
• וְשַׂמְתָּ עֲלֵהֶם: שָׂרֵי אֲלָפִים שָׂרֵי מֵאוֹת שָׂרֵי חֲמִשִּׁים...	• ______
• וְשָׁפְטוּ אֶת-הָעָם בְּכָל-עֵת	• ______
• וְהָיָה כָּל-הַדָּבָר הַגָּדֹל יָבִיאוּ אֵלֶיךָ וְכָל-הַדָּבָר הַקָּטֹן יִשְׁפְּטוּ-הֵם	• ______

from the comparison

1ב. מָה לוֹמְדִים מִן הַהַשְׁוָאָה? ______________________________

2 מֹשֶׁה בָּחַר רַק בְּ"אַנְשֵׁי-חַיִל" (פָּסוּק כ"ה), לָמָּה?

____

שָׂרֵי
שָׂרֵי
שָׂרֵי
שָׂרֵי

the judicial system organized

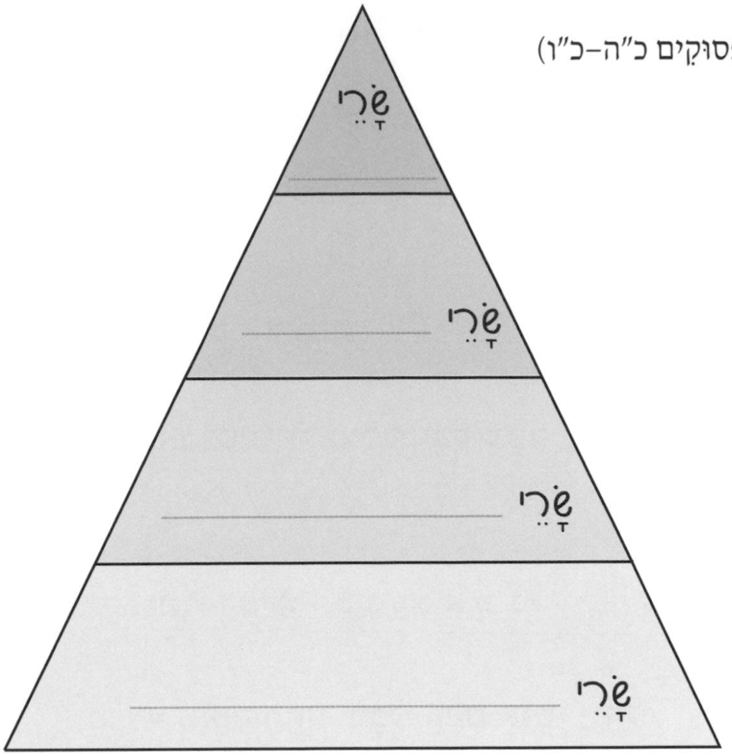

3 אֵיךְ מֹשֶׁה אִרְגֵּן אֶת מַעֲרֶכֶת הַמִּשְׁפָּט? (פְּסוּקִים כ"ה–כ"ו)

הַשְׁלִימוּ אֶת הַמִּבְנֶה. (רְאוּ עַמּוּד 23)

3א. לָמָּה "שָׂרֵי עֲשָׂרוֹת" הֵם הֲכִי רַבִּים?

____

____

____

____

____

____

3ב. מִי עוֹמֵד מֵעַל כָּל הַשָּׂרִים? ______________________

4 **חִזְרוּ** לַשְּׁאֵלוֹת שֶׁשְּׁאַלְתֶּם בְּעַמּוּד 10. מָה לְמַדְתֶּם מִיִּתְרוֹ:

a judicial system

עַל מַעֲרֶכֶת מִשְׁפָּט? ______________________

____

עַל חֻקִּים? ______________________

____

עַל שׁוֹפְטִים? ______________________

____

עַל צֶדֶק? ______________________

____

סְמִיכוּת פָּרָשִׁיּוֹת

סְמִיכוּת פָּרָשִׁיּוֹת
שְׁנֵי סִפּוּרִים (**פָּרָשִׁיּוֹת**) שֶׁאֵין קֶשֶׁר בֵּינֵיהֶם
וְהֵם לֹא קָרוּ זֶה אַחֲרֵי זֶה,
אֲבָל בַּתּוֹרָה הֵם בָּאִים בָּזֶה אַחַר זֶה.
סְמִיכוּת הַפָּרָשִׁיּוֹת מַדְגִּישָׁה אֶת הַדּוֹמֶה
אוֹ הַשּׁוֹנֶה בֵּין הַשְּׁנַיִם.

5 **בַּתּוֹרָה, מִיָּד אַחֲרֵי הַסִּפּוּר עַל עֲמָלֵק**

(פֶּרֶק י"ז פְּסוּקִים ח'–ט"ז) **בָּא הַסִּפּוּר עַל יִתְרוֹ.**

הַסִּפּוּרִים לֹא קָרוּ זֶה אַחַר זֶה!

- מָה מְשֻׁתָּף לְיִתְרוֹ כֹּהֵן מִדְיָן וּלְעֲמָלֵק?

- מָה הַהֶבְדֵּל בֵּין הִתְנַהֲגוּת עֲמָלֵק לְהִתְנַהֲגוּת יִתְרוֹ?

- לָמָּה שְׁנֵי הַסִּפּוּרִים בָּאִים בַּתּוֹרָה בָּזֶה אַחַר זֶה, לְדַעְתְּכֶם?

מַטָּלוֹת לְסִכּוּם פֶּרֶק י"ח

tries to convince

1 מֹשֶׁה מְנַסֶּה לְשַׁכְנֵעַ אֶת הַזְּקֵנִים לְקַבֵּל אֶת הָעֵצָה שֶׁל יִתְרוֹ. מָה הוּא יָכוֹל לְהַגִּיד?

כִּתְבוּ לְפָחוֹת 4 סִבּוֹת לָמָּה לְקַבֵּל אֶת הָעֵצָה וְהָבִיאוּ צִטּוּט לְכָל סִבָּה.

consider

- הִתְיַחֲסוּ לַפְּגִישָׁה בֵּין מֹשֶׁה לְבֵין יִתְרוֹ. (פְּסוּקִים א'-י"ב)
- הִתְיַחֲסוּ לַשִּׂיחָה בֵּין יִתְרוֹ לְבֵין מֹשֶׁה. (פְּסוּקִים י"ג-י"ח)
- הִתְיַחֲסוּ לָעֵצָה שֶׁיִּתְרוֹ נוֹתֵן. (פְּסוּקִים י"ט-כ"ג)

2 אַתֶּם מֵהַזְּקֵנִים שֶׁמְּנַסִּים לְשַׁכְנֵעַ אֶת מֹשֶׁה לֹא לְקַבֵּל אֶת דִּבְרֵי יִתְרוֹ. מָה אַתֶּם יְכוֹלִים לְהַגִּיד?

כִּתְבוּ לְפָחוֹת 4 סִבּוֹת, **וְצַטְּטוּ** מָה שֶׁאֶפְשָׁר.

consider

- הִתְיַחֲסוּ לַפְּגִישָׁה בֵּין מֹשֶׁה לְבֵין יִתְרוֹ. (פְּסוּקִים א'-י"ב)
- הִתְיַחֲסוּ לַשִּׂיחָה בֵּין יִתְרוֹ לְבֵין מֹשֶׁה. (פְּסוּקִים י"ג-י"ח)
- הִתְיַחֲסוּ לָעֵצָה שֶׁיִּתְרוֹ נוֹתֵן. (פְּסוּקִים י"ט-כ"ג)

nominate

3 הַצִּיעוּ אֶת עַצְמְכֶם לִהְיוֹת שַׂר (שׁוֹפֵט).

- לְפִי הָעֵצָה שֶׁיִּתְרוֹ נוֹתֵן (פְּסוּקִים י"ט-כ"ג) – **כִּתְבוּ** לָמָּה אַתֶּם חוֹשְׁבִים שֶׁאַתֶּם מַתְאִימִים.

הָבִיאוּ דֻּגְמָה לְכָל תְּכוּנָה.

system

4 מָה טוֹב וּמָה פָּחוֹת טוֹב בַּשִּׁיטָה שֶׁל יִתְרוֹ?

- **כִּתְבוּ וְצַטְּטוּ** 4 דְּבָרִים טוֹבִים.

- **כִּתְבוּ** 2 דְּבָרִים פָּחוֹת טוֹבִים. **הַסְבִּירוּ.**

הַמַּסָּע אֶל הָהָר

פֶּרֶק י"ט פְּסוּקִים א'-ב'

א' בַּחֹדֶשׁ הַשְּׁלִישִׁי לְצֵאת בְּנֵי-יִשְׂרָאֵל מֵאֶרֶץ מִצְרָיִם,
בַּיּוֹם הַזֶּה בָּאוּ מִדְבַּר סִינָי.

ב' וַיִּסְעוּ מֵרְפִידִים וַיָּבֹאוּ מִדְבַּר סִינַי
וַיַּחֲנוּ בַּמִּדְבָּר,
וַיִּחַן-שָׁם יִשְׂרָאֵל נֶגֶד הָהָר.

connected with

1 **סַמְּנוּ** קַו מִתַּחַת לַבִּטּוּיִים שֶׁקְּשׁוּרִים בַּזְּמַן. (פָּסוּק א')

1א. בנ"י יָצְאוּ מִמִּצְרַיִם בַּחֹדֶשׁ הַ________________

שֵׁם הַחֹדֶשׁ בְּיָמֵינוּ הוּא ________________

2 **הַקִּיפוּ** אֶת הַמִּלָּה "הַר".

2א. לְאֵיזֶה הַר הִגִּיעוּ בנ"י, לְדַעְתְּכֶם? ________________

3 **הַקִּיפוּ** בְּמַלְבֵּן אֶת פָּעֳלֵי **וַי.** (פָּסוּק ב')

3א. הַפְּעָלִים הֵם: ________________ ________________

________________ ________________

3ב. אֵיזֶה פֹּעַל שׁוֹנֶה מֵהַפְּעָלִים הָאֲחֵרִים? ________________

כִּי ________________________________

3ג. אֵילוּ 2 פְּעָלִים הֵם מֵאוֹתוֹ הַשֹּׁרֶשׁ? ________________ , ________________

4 **שַׁאֲלוּ** שְׁאֵלוֹת עַל הַפָּסוּק: **וַיַּחֲנוּ בַּמִּדְבָּר, וַיִּחַן-שָׁם יִשְׂרָאֵל...** (פָּסוּק ב')

? ______________________

? ______________________

רַשִׁ"י

וַיַּחֲנוּ בַּמִּדְבָּר, וַיִּחַן-שָׁם יִשְׂרָאֵל...

encampments, disagreements

כְּאִישׁ אֶחָד בְּלֵב אֶחָד. אֲבָל בַּחֲנָיוֹת הָאֲחֵרוֹת - מַחֲלוֹקוֹת!

- **הַשְׁלִימוּ** לְפִי הַתְּשׁוּבָה שֶׁל רַשִׁ"י:

encampment

– "וַיִּחַן" - בַּחֲנָיָה הַזֹּאת הָעָם הָיָה ______________________

– "וַיַּחֲנוּ" - בַּחֲנָיוֹת הָאֲחֵרוֹת הָעָם הָיָה ______________________

- **תְּנוּ דֻּגְמָה** לַחֲנָיָה שֶׁהָיוּ בָּהּ מַחֲלוֹקוֹת. ______________________

אֶתְגָּר: עַל אֵיזוֹ שְׁאֵלָה הַפֵּרוּשׁ שֶׁל רַשִׁ"י עוֹנֶה?

____

____

5 **נְסַכֵּם:** בנ"י נָסְעוּ מִ______________________ לְ______________________

הֵם חָנוּ "נֶגֶד" הַר ______________________

הַבְּרִית בֵּין ה' לָעָם

פֶּרֶק י"ט פְּסוּקִים ג'-ו'

1	**כֹּה:** כָּכָה
2	**וָאֶשָּׂא** (נ-ש-א)**:** נָשָׂאתִי I carried
3	**עַל-כַּנְפֵי נְשָׁרִים:** עַל כְּנָפַיִם שֶׁל נְשָׁרִים on the wings of eagles
4	**וָאָבִא** (ב-ו-א)**:** הֵבֵאתִי
5	**סְגֻלָּה:** אוֹצָר מְיֻחָד a special treasure
6	**מַמְלֶכֶת:** kingdom of
7	**גּוֹי:** עַם
8	**הַדְּבָרִים :** הַמִּלִּים

ג' וּמֹשֶׁה עָלָה אֶל-הָאֶ-לֹהִים,
וַיִּקְרָא אֵלָיו ה' מִן-הָהָר לֵאמֹר:
"כֹּה[1] תֹאמַר לְבֵית יַעֲקֹב
וְתַגֵּיד לִבְנֵי יִשְׂרָאֵל:

ד' 'אַתֶּם רְאִיתֶם אֲשֶׁר עָשִׂיתִי לְמִצְרָיִם,
וָאֶשָּׂא[2] אֶתְכֶם עַל-כַּנְפֵי נְשָׁרִים[3]
וָאָבִא[4] אֶתְכֶם אֵלָי.

ה' וְעַתָּה אִם-שָׁמוֹעַ תִּשְׁמְעוּ בְּקֹלִי
וּשְׁמַרְתֶּם אֶת-בְּרִיתִי
וִהְיִיתֶם לִי סְגֻלָּה[5] מִכָּל-הָעַמִּים
כִּי-לִי כָּל-הָאָרֶץ.

ו' וְאַתֶּם תִּהְיוּ-לִי מַמְלֶכֶת[6] כֹּהֲנִים וְגוֹי[7] קָדוֹשׁ.'
אֵלֶּה הַדְּבָרִים[8] אֲשֶׁר תְּדַבֵּר אֶל-בְּנֵי יִשְׂרָאֵל."

קְרִיאָה מְרַפְרֶפֶת (פְּסוּקִים ג׳–ו׳)

בְּבַקָּשָׁה:

1 **הַקִּיפוּ** אֶת הַמִּלָּה "הַר".

2 **סַמְּנוּ** בְּצָהֹב אֶת הַדְּבָרִים שֶׁמֹּשֶׁה צָרִיךְ לְהַגִּיד לְיִשְׂרָאֵל.

3 **הַקִּיפוּ** בְּמַלְבֵּן אֶת הַפְּעֻלּוֹת שֶׁה׳ עָשָׂה לְיִשְׂרָאֵל. (פָּסוּק ד׳)

3א. לְפִי דִבְרֵי ה׳, בְּנֵי יִשְׂרָאֵל רָאוּ 2 דְּבָרִים שֶׁה׳ עָשָׂה:

לְמִצְרַיִם ______________________________

לְיִשְׂרָאֵל ______________________________

4 **כִּתְבוּ** אֶת הַמֶּטָפוֹרָה שֶׁבְּדִבְרֵי ה׳. (פָּסוּק ד׳)

"______________________________"

4א. בַּמֶּטָפוֹרָה, ה׳ דּוֹמֶה לְ______________. **הַשְׁלִימוּ:**

כְּמוֹ שֶׁהַנֶּשֶׁר נוֹשֵׂא אֶת הַ______________ כָּךְ ______________

נוֹשֵׂא אֶת ______________________________

4ב. אֵיזוֹ תְּכוּנָה הַמֶּטָפוֹרָה מַדְגִּישָׁה, לְדַעְתְּכֶם?

☐ מַהֵר ☐ בָּטוּחַ ☐ רָחוֹק ☐ בְּאֹפֶן יוֹצֵא דֹּפֶן

☐ אַחֵר: ______________________________

4ג. מָה לוֹמְדִים מֵהַמֶּטָפוֹרָה עַל הַיְּחָסִים בֵּין ה׳ לְבֵין בְּנֵי יִשְׂרָאֵל?

____

5 **נְסַכֵּם:** מֶה עָשָׂה ה' בִּשְׁבִיל עַם יִשְׂרָאֵל בֶּעָבָר? (פָּסוּק ד')

6 ה' אוֹמֵר שֶׁבְּנֵי יִשְׂרָאֵל צְרִיכִים לַעֲשׂוֹת 2 דְּבָרִים: (פָּסוּק ה')

7 הַיְּחָסִים בֵּין בנ"י לְבֵין ה' כְּתוּבִים כִּתְנַאי (conditionally): **אִם ... אָז ...** (פְּסוּקִים ה'-ו')

הַשְׁלִימוּ בִּלְשׁוֹנֵנוּ:

אִם בנ"י __________ **אִם** בנ"י __________

אָז בנ"י יִהְיוּ לְ__________ וּלְ__________

וְ__________

7א. **סַמְּנוּ** אֶת הַמִּלִּים מֵאוֹתוֹ הַשֹּׁרֶשׁ. (פָּסוּק ה')

כְּמוֹ: מָלַךְ תִּמְלֹךְ!

7ב. מָה הַמִּלִּים הָאֵלֶּה מַדְגִּישׁוֹת (emphasize)? **הַסְבִּירוּ.**

קְרִיאָה מַעֲמִיקָה (פְּסוּקִים ג'-ו')

1 דִּבְרֵי ה' לְמֹשֶׁה מַתְחִילִים בְּתִקְבֹּלֶת (parallelism). (פָּסוּק ג')

כִּתְבוּ אֶת הַפָּסוּק **וְצִבְעוּ** בְּאוֹתוֹ צֶבַע אֶת הַמִּלִּים הַדּוֹמוֹת.

1א. לָמָּה ה' מַתְחִיל אֶת דְּבָרָיו בְּתִקְבֹּלֶת, לְדַעְתְּכֶם?

____

רָשִׁ"י

כֹּה תֹאמַר לְבֵית יַעֲקֹב וְתַגֵּיד לִבְנֵי יִשְׂרָאֵל (פָּסוּק ג')

"לְבֵית יַעֲקֹב" = אֵלּוּ הַנָּשִׁים. **"תֹאמַר"** לָהֶן בְּלָשׁוֹן רַכָּה.

"לִבְנֵי יִשְׂרָאֵל" = לַזְּכָרִים. **"תַּגִּיד"** דְּבָרִים קָשִׁים.

- **לְפִי רָשִׁ"י:**

בֵּית יַעֲקֹב = ______________ תֹּאמַר = ______________

בְּנֵי יִשְׂרָאֵל = ______________ תַּגִּיד = ______________

- עַל אֵיזוֹ שְׁאֵלָה רָשִׁ"י עוֹנֶה? ______________

____

- לְפִי הַפֵּרוּשׁ, ה' דִּבֵּר אַחֶרֶת עִם הַנָּשִׁים וְאַחֶרֶת עִם הַזְּכָרִים, לָמָּה?

____

____

- לָמָּה ה' דִּבֵּר עִם כֻּלָּם, לְדַעְתְּכֶם?

____

2 הַכִּנּוּיִים וְהַמֶּטָפוֹרוֹת שֶׁל יִשְׂרָאֵל בִּפְסוּקִים ה'–ו' הֵם: ______________

______________ ______________

3 בַּמֶּטָפוֹרָה "עַם סְגֻלָּה" (פָּסוּק ה') **עַם יִשְׂרָאֵל** דּוֹמֶה לְאוֹצָר (treasure) שֶׁל מֶלֶךְ. **צַיְּרוּ**.

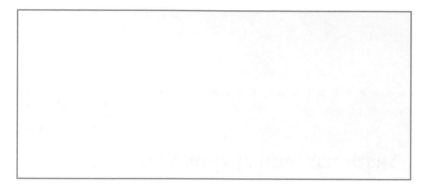

3א. מָה לוֹמְדִים מִן הַמֶּטָפוֹרָה עַל הַיַּחַס בֵּין ה' לְבֵין עַם יִשְׂרָאֵל?

3ב. אֵיךְ בנ"י צְרִיכִים לְהִתְנַהֵג כְּדֵי לִהְיוֹת "עַם סְגֻלָּה", לְדַעְתְּכֶם?

כִּתְבוּ אוֹ **צַיְּרוּ** 2 דֻּגְמָאוֹת.

בַּיְּחָסִים עִם ה'	בַּיְּחָסִים בֵּין אָדָם לַחֲבֵרוֹ

3ג. הַאִם זֶה טוֹב לִהְיוֹת "עַם סְגֻלָּה", לְדַעְתְּכֶם? **הַסְבִּירוּ**.

מִצַּד אֶחָד

מִצַּד אַחֵר

לְדַעְתִּי

4 אֵיךְ עַם יִשְׂרָאֵל יִהְיֶה דּוֹמֶה לְ"מַמְלֶכֶת כֹּהֲנִים"(פָּסוּק ו')? **הַשְׁלִימוּ.**

בִּזְמַן הַתָּנָ"ךְ, הַכֹּהֲנִים הָיוּ שׁוֹנִים מִשְּׁאָר הָעָם:

כְּמוֹ שֶׁהַכֹּהֲנִים שׁוֹנִים מִ ______________ ,

כָּךְ ______________ יִהְיֶה שׁוֹנֶה מִ ______________

____

5 ה' אוֹמֵר שֶׁבנ"י יִהְיוּ לוֹ: **מַמְלֶכֶת כֹּהֲנִים וְגוֹי קָדוֹשׁ** (פָּסוּק ו')

parallel

צִבְעוּ אֶת הַמִּלִּים הַמַּקְבִּילוֹת.

5א. מָה עַם יִשְׂרָאֵל יַעֲשֶׂה כְּדֵי לִהְיוֹת שׁוֹנֶה מִן הָעַמִּים הָאֲחֵרִים? (פָּסוּק ה')

____

____

separated

קָדוֹשׁ – נִפְרָד, נִבְדָּל מֵאֲחֵרִים,
קָשׁוּר לַה'

6 אַתֶּם מַכִּירִים אֶת בנ"י מִפָּרָשַׁת "בְּשַׁלַּח".

אֵיךְ יָגִיבוּ בנ"י לַבְּרִית (פְּסוּקִים ה'-ו'), לְדַעְתְּכֶם? **הַסְבִּירוּ.**

____

____

תְּגוּבַת הָעָם לַבְּרִית

פֶּרֶק י"ט פְּסוּקִים ז'–ט'

ז' וַיָּבֹא מֹשֶׁה וַיִּקְרָא לְזִקְנֵי הָעָם,
וַיָּשֶׂם לִפְנֵיהֶם אֵת כָּל-הַדְּבָרִים הָאֵלֶּה
אֲשֶׁר צִוָּהוּ[1] ה'.

ח' וַיַּעֲנוּ כָל-הָעָם יַחְדָּו וַיֹּאמְרוּ:
"כֹּל אֲשֶׁר-דִּבֶּר ה' נַעֲשֶׂה,"
וַיָּשֶׁב[2] מֹשֶׁה אֶת-דִּבְרֵי הָעָם אֶל-ה'.

ט' וַיֹּאמֶר ה' אֶל-מֹשֶׁה:
"הִנֵּה אָנֹכִי בָּא אֵלֶיךָ בְּעַב הֶעָנָן[3]
בַּעֲבוּר[4] יִשְׁמַע הָעָם בְּדַבְּרִי[5] עִמָּךְ
וְגַם-בְּךָ יַאֲמִינוּ לְעוֹלָם,"
וַיַּגֵּד[6] מֹשֶׁה אֶת-דִּבְרֵי הָעָם אֶל-ה'.

1 צִוָּהוּ (צ-ו-ה): צִוָּה אוֹתוֹ

2 וַיָּשֶׁב (ש-ו-ב): הֵשִׁיב reported

3 בְּעַב הֶעָנָן: א. עָב=עָנָן; ב. עָנָן כָּבֵד in thick cloud

4 בַּעֲבוּר: כְּדֵי שֶׁ... in order that

5 בְּדַבְּרִי (ד-ב-ר): כַּאֲשֶׁר אֲנִי מְדַבֵּר

6 וַיַּגֵּד (נ-ג-ד): הִגִּיד

קְרִיאָה מְרַפְרֶפֶת (פְּסוּקִים ז'–ט')

בְּבַקָּשָׁה:

1 **הַקִּיפוּ** בְּמַעְגָּל אֶת הַפְּעֻלּוֹת שֶׁמֹּשֶׁה עוֹשֶׂה. (פְּסוּקִים ז'–ט')

1א. מָה לוֹמְדִים עַל מֹשֶׁה?

____

2 **סַמְּנוּ** בְּכָחֹל אֶת הַתְּשׁוּבָה שֶׁל הָעָם. (פָּסוּק ח')

2א. מָה הָיְתָה הַתְּשׁוּבָה שֶׁל הָעָם?

____

3 **סַמְּנוּ** בְּצָהֹב אֶת דִּבְרֵי ה' לְמֹשֶׁה. (פָּסוּק ט')

4 **סַמְּנוּ** אֶת הַמִּלָּה "עָם". הַמִּלָּה חוֹזֶרֶת ______________ **פְּעָמִים**. (פְּסוּקִים ח'–ט')

5 **הַקִּיפוּ** בְּמַלְבֵּן אֶת הַשֹּׁרֶשׁ הַמַּנְחֶה הַחוֹזֵר 5 פְּעָמִים. (פְּסוּקִים ז'–ט')

5א. **הַשְׁלִימוּ**. הִשְׁתַּמְּשׁוּ בְּמִלִּים מֵהַשֹּׁרֶשׁ הַחוֹזֵר.

מֹשֶׁה הֵבִיא לְזִקְנֵי הָעָם אֶת ______________________________

הָעָם אָמַר לְמֹשֶׁה ______________________________

מֹשֶׁה הֵשִׁיב לַה' אֶת ______________________________

ה' אָמַר לְמֹשֶׁה ______________________________

מֹשֶׁה אָמַר לַה' אֶת ______________________________

6 מָה הַתַּפְקִיד שֶׁל מֹשֶׁה:

regarding

• כְּלַפֵּי הַזְּקֵנִים? _____

• כְּלַפֵּי הָעָם? _____

• כְּלַפֵּי ה'? _____

from one to another   diagram

7 לִפְנֵיכֶם תַּרְשִׁים הַמַּרְאֶה אֵיךְ עָבְרוּ הַ"דְּבָרִים" מֵהָאֶחָד אֶל הָאַחֵר. (פְּסוּקִים ז'–ט')

• אֵיפֹה בַּתַּרְשִׁים נִמְצָאִים: הַזְּקֵנִים   ה'   הָעָם   מֹשֶׁה ? הַשְׁלִימוּ.

• סַמְּנוּ חִצִּים.

קְרִיאָה מַעֲמִיקָה (פְּסוּקִים ז'–ט')

surprised

1 הַאִם הַתְּגוּבָה שֶׁל הָעָם (פָּסוּק ח') הִפְתִּיעָה אֶתְכֶם? **הַסְבִּירוּ**.

2 עַל תְּגוּבַת הָעָם כָּתוּב: "וַיַּעֲנוּ כָל-הָעָם יַחְדָּו וַיֹּאמְרוּ". (פָּסוּק ח')

קִרְאוּ בְּקוֹל: פַּעַם בְּלִי הַמִּלָּה "כָל" וּפַעַם בְּלִי הַמִּלָּה "יַחְדָּו".

2א. שַׁאֲלוּ שְׁאֵלוֹת:

"וַיַּעֲנוּ כָל-הָעָם יַחְדָּו וַיֹּאמְרוּ"

2ב. **עֲנוּ** עַל אַחַת הַשְּׁאֵלוֹת שֶׁשְּׁאַלְתֶּם.

3 אֵיךְ בְּנֵי יִשְׂרָאֵל מַרְגִּישִׁים כַּאֲשֶׁר הֵם אוֹמְרִים "כֹּל אֲשֶׁר-דִּבֶּר ה' נַעֲשֶׂה", לְדַעְתְּכֶם? (פָּסוּק ח')

adjectives
כִּתְבוּ מִלּוֹת תֹּאַר **וְצַיְּרוּ** אֶת הַפָּנִים וְאֶת הַיָּדַיִם.

הֵד

"הֵד" **מִסִּפּוּרִים אֲחֵרִים בְּסֵפֶר שְׁמוֹת.**

4 **סַמְּנוּ** בְּעַמּוּדִים 50–51:

בְּכָחֹל אֶת הַפְּעָלִים הַקְּשׁוּרִים לֶאֱמוּנָה.

בְּאָדֹם אֶת הַפְּעָלִים הַקְּשׁוּרִים בַּחוּשִׁים: רְאִיָּה, שְׁמִיעָה, טַעַם, רֵיחַ, מִשּׁוּשׁ

פֶּרֶק ד' פָּסוּק א':

"וְהֵן לֹא-יַאֲמִינוּ לִי וְלֹא יִשְׁמְעוּ בְּקֹלִי, כִּי יֹאמְרוּ לֹא-נִרְאָה אֵלֶיךָ ה'."

rely
- לְפִי מֹשֶׁה, בנ"י לֹא יַאֲמִינוּ לוֹ כִּי הֵם סוֹמְכִים עַל חוּשׁ הַ______________
- מָה ה' עָשָׂה כְּדֵי לְחַזֵּק אֶת הָאֱמוּנָה שֶׁל בנ"י? (פֶּרֶק ד' פְּסוּקִים ב'-ה')

פֶּרֶק י"ד פָּסוּק ל"א:

"וַיַּרְא יִשְׂרָאֵל אֶת-הַיָּד הַגְּדֹלָה... וַיַּאֲמִינוּ בַּה' וּבְמֹשֶׁה, עַבְדּוֹ."

- בנ"י הֶאֱמִינוּ בַּה' וּבְמֹשֶׁה בְּעֶזְרַת חוּשׁ הַ________________

- מָה חִזֵּק אֶת אֱמוּנָתָם? (פֶּרֶק י"ד פְּסוּקִים כ"ז-כ"ח)

____

פֶּרֶק י"ט פָּסוּק ט':

"הִנֵּה אָנֹכִי בָּא אֵלֶיךָ בְּעַב הֶעָנָן בַּעֲבוּר יִשְׁמַע הָעָם בְּדַבְּרִי עִמָּךְ,
וְגַם-בְּךָ יַאֲמִינוּ לְעוֹלָם."

- בנ"י יַאֲמִינוּ בְּמֹשֶׁה בְּעֶזְרַת חוּשׁ הַ________________

- מָה יַעֲשֶׂה ה' כְּדֵי לְחַזֵּק אֶת אֱמוּנָתָם?

____

____

5 לְסִכּוּם:

- מָה בְּנֵי יִשְׂרָאֵל צְרִיכִים כְּדֵי לְהַאֲמִין (to trust) בַּה'? ________________

- אֵיךְ ה' יְחַזֵּק אֶת הָאֱמוּנָה שֶׁל בנ"י בּוֹ וּבְמֹשֶׁה (פָּסוּק ט')? ________________

5א. מָה אֲנַחְנוּ צְרִיכִים כְּדֵי לְהַאֲמִין בַּה' הַיּוֹם? **הַסְבִּירוּ.**

____

____

מְאוֹרָה מְסֻפֶּרֶת

הַהֲכָנוֹת לַבְּרִית עִם ה' (פְּסוּקִים י'–ט"ו)

י'   וַיֹּאמֶר ה' אֶל־מֹשֶׁה:
"לֵךְ אֶל־הָעָם וְקִדַּשְׁתָּם¹ הַיּוֹם וּמָחָר,
וְכִבְּסוּ² שִׂמְלֹתָם³.

י"א   וְהָיוּ נְכֹנִים⁴ לַיּוֹם הַשְּׁלִישִׁי,
כִּי בַּיּוֹם הַשְּׁלִשִׁי
יֵרֵד ה' לְעֵינֵי כָל־הָעָם עַל־הַר סִינָי.

י"ב   וְהִגְבַּלְתָּ⁵ אֶת־הָעָם סָבִיב לֵאמֹר:
'הִשָּׁמְרוּ⁶ לָכֶם עֲלוֹת בָּהָר⁷ וּנְגֹעַ בְּקָצֵהוּ⁸,
כָּל־הַנֹּגֵעַ בָּהָר מוֹת יוּמָת.

י"ג   לֹא־תִגַּע בּוֹ יָד
כִּי־סָקוֹל יִסָּקֵל⁹ אוֹ־יָרֹה יִיָּרֶה¹⁰
אִם־¹¹בְּהֵמָה אִם־אִישׁ לֹא יִחְיֶה,
בִּמְשֹׁךְ הַיֹּבֵל¹² הֵמָּה יַעֲלוּ בָהָר.' "

י"ד   וַיֵּרֶד מֹשֶׁה מִן־הָהָר אֶל־הָעָם,
וַיְקַדֵּשׁ אֶת־הָעָם
וַיְכַבְּסוּ שִׂמְלֹתָם.

ט"ו   וַיֹּאמֶר אֶל־הָעָם:
"הֱיוּ נְכֹנִים לִשְׁלֹשֶׁת יָמִים,
אַל־תִּגְּשׁוּ¹³ אֶל־אִשָּׁה."

---

¹ וְקִדַּשְׁתָּם (ק-ד-ש): make them holy
separate them for a connection with God

² וְכִבְּסוּ (כ-ב-ס): wash

³ שִׂמְלֹתָם: הַבְּגָדִים שֶׁלָּהֶם

⁴ נְכֹנִים: מוּכָנִים

⁵ וְהִגְבַּלְתָּ: תָּשִׂים גְּבוּלוֹת make boundaries

⁶ הִשָּׁמְרוּ (ש-מ-ר): הִזָּהֲרוּ beware of

⁷ עֲלוֹת בָּהָר: going up the mountain

⁸ בְּקָצֵהוּ: in the edge of it

⁹ סָקוֹל יִסָּקֵל: will certainly be stoned to death

¹⁰ יָרֹה יִיָּרֶה: will certainly be shot to death (with an arrow)

¹¹ אִם: whether

¹² בִּמְשֹׁךְ הַיֹּבֵל: כַּאֲשֶׁר יִתְקְעוּ בַּשּׁוֹפָר

¹³ אַל־תִּגְּשׁוּ (נ-ג-ש): do not come near

יתרו

52

1 **הַקִּיפוּ** אֶת הַמִּלָּה "הַר".

1א. **סִפְרוּ** כַּמָּה פְּעָמִים חוֹזֶרֶת הַמִּלָּה "הַר" . סַךְ הַכֹּל △ פְּעָמִים.

1ב. לָמָּה הַמִּלָּה חוֹזֶרֶת כָּל כָּךְ הַרְבֵּה פְּעָמִים? ____________________

____

1ג. מָה שֵׁם הָהָר? (פָּסוּק י"א) ____________________

2 **סַמְּנוּ:** אֶת הַשֹּׁרֶשׁ **ק-ד-ש**; אֶת **הַיּוֹם הַשְּׁלִישִׁי**.

2א. מָה הָעָם **צָרִיךְ לַעֲשׂוֹת** כְּדֵי לִהְיוֹת קָדוֹשׁ? (פָּסוּק י')

____

2ב. מָה **אָסוּר** לָעָם **לַעֲשׂוֹת** כְּדֵי לִהְיוֹת קָדוֹשׁ? **כִּתְבוּ** בִּלְשׁוֹנֵנוּ. (פְּסוּקִים י"ב, ט"ו)

לֹא ____________________________________

לֹא ____________________________________

2ג. מָה יִקְרֶה בַּיּוֹם הַשְּׁלִישִׁי? (פָּסוּק י"א)

____

3 מָה לוֹמְדִים מִן הַהֲכָנוֹת הָרַבּוֹת, לְדַעְתְּכֶם?

____

____

מַעֲמַד הַר סִינַי

פֶּרֶק י"ט פְּסוּקִים ט"ז-י"ט

הֲיְדַעְתֶּם:

the appearance of

הוֹפָעַת ה' בְּקוֹל אוֹ בְּמַרְאֶה

revelation

נִקְרֵאת "הִתְגַּלּוּת".

הַהִתְגַּלּוּת **בְּהַר סִינַי** נִקְרֵאת

מַעֲמַד הַר סִינַי.

ט"ז וַיְהִי בַיּוֹם הַשְּׁלִישִׁי בִּהְיֹת הַבֹּקֶר[1]

וַיְהִי קֹלֹת וּבְרָקִים[2] וְעָנָן כָּבֵד עַל-הָהָר

וְקֹל שֹׁפָר חָזָק מְאֹד,

וַיֶּחֱרַד[3] כָּל-הָעָם אֲשֶׁר בַּמַּחֲנֶה.

י"ז וַיּוֹצֵא[4] מֹשֶׁה אֶת-הָעָם לִקְרַאת[5] הָאֱ-לֹהִים

מִן-הַמַּחֲנֶה,

וַיִּתְיַצְּבוּ[6] בְּתַחְתִּית הָהָר[7].

י"ח וְהַר סִינַי עָשַׁן[8] כֻּלּוֹ

מִפְּנֵי אֲשֶׁר[9] יָרַד עָלָיו ה' בָּאֵשׁ,

וַיַּעַל עֲשָׁנוֹ כְּעֶשֶׁן הַכִּבְשָׁן[10]

וַיֶּחֱרַד כָּל-הָהָר מְאֹד.

י"ט וַיְהִי קוֹל הַשֹּׁפָר הוֹלֵךְ וְחָזֵק[11] מְאֹד,

מֹשֶׁה יְדַבֵּר וְהָאֱ-לֹהִים יַעֲנֶנּוּ[12] בְקוֹל.

1 **בִּהְיֹת הַבֹּקֶר:** בַּבֹּקֶר

2 **קֹלֹת וּבְרָקִים:** thunder and lightning

3 **וַיֶּחֱרַד** (ח-ר-ד): trembled

4 **וַיּוֹצֵא** (י-צ-א): הוּא הוֹצִיא

5 **לִקְרַאת:** toward

6 **וַיִּתְיַצְּבוּ** (נ-צ-ב): עָמְדוּ

7 **בְּתַחְתִּית הָהָר:** בָּהָר לְמַטָּה, לְרַגְלֵי הָהָר

at the foot of the mountain

8 **עָשַׁן:** smoking

9 **מִפְּנֵי אֲשֶׁר:** כִּי

10 **וַיַּעַל עֲשָׁנוֹ כְּעֶשֶׁן הַכִּבְשָׁן:**

its smoke went up like the smoke of a furnace

11 **הוֹלֵךְ וְחָזֵק:** נַעֲשָׂה יוֹתֵר וְיוֹתֵר חָזָק

12 **יַעֲנֶנּוּ** (ע-נ-ה): יַעֲנֶה לוֹ (עָנָה לוֹ)

קְרִיאָה מְרַפְרֶפֶת (פְּסוּקִים ט"ז-י"ט)

בְּבַקָּשָׁה:

1 **הַקִּיפוּ** בְּעַמּוּד 54 אֶת הַמִּלָּה "הַר". סַךְ הַכֹּל △ **פְּעָמִים**.

2 **סַמְּנוּ** קַו מִתַּחַת לַפֹּעַל מֵהַשֹּׁרֶשׁ י-ר-ד. (פָּסוּק י"ח)

2א. מִי יָרַד וְעַל מָה? ______

3 מִי עָמַד בְּתַחְתִּית הָהָר? (פָּסוּק י"ז) ______

4 חֵלֶק מֵהַחוּשִׁים פּוֹעֲלִים בְּתֵאוּר הִתְגַּלּוּת ה'. (פְּסוּקִים ט"ז, י"ח, י"ט)

צַיְּרוּ בְּעַמּוּד 54 בַּמְּקוֹמוֹת הַמַּתְאִימִים, עַל יַד הַשּׁוּרָה הַמַּתְאִימָה,

the appropriate sensory oragans

אֶת הָאֵיבָרִים הַמַּתְאִימִים לַחוּשִׁים:

4א. מָה לוֹמְדִים מִזֶּה שֶׁיֵּשׁ בַּתֵּאוּר הַרְבֵּה חוּשִׁים?

______

מָה **רָאוּ** בנ"י? ______

מָה **שָׁמְעוּ** בנ"י? ______

מָה **הִרְגִּישׁוּ** בנ"י? ______

מָה **הֵרִיחוּ** בנ"י? ______

5 **סַמְּנוּ** אֶת הַמִּלִּים שֶׁיֵּשׁ בָּהֶן "עָשָׁן". (פָּסוּק י"ח) סַךְ הַכֹּל ______ **פְּעָמִים**.

5א. **הַקִּיפוּ** בְּמַלְבֵּן אֶת הַצְּלִיל הַחוֹזֵר (פָּסוּק י"ח). הַצְּלִיל הוּא ☐

5ב. מָה הַצְּלִיל הַחוֹזֵר מוֹסִיף לַתֵּאוּר? ______

______

קְרִיאָה מַעֲמִיקָה (פְּסוּקִים ט"ז–י"ט)

1 אַתֶּם בנ"י:

did you experience

- מָה חֲוִיתֶם בְּעֶזְרַת חוּשׁ הָרְאִיָּה? **כִּתְבוּ** אוֹ **צַיְּרוּ**.

- מָה חֲוִיתֶם בְּעֶזְרַת חוּשׁ הַשְּׁמִיעָה? **כִּתְבוּ** אוֹ **צַיְּרוּ**.

2 אֵילוּ דְּבָרִים שֶׁקּוֹרִים בַּטֶּבַע, קָרוּ בִּזְמַן הִתְגַּלּוּת ה', לְדַעְתְּכֶם?

3 לַמִּלָּה "**נֶחְרַד**" 2 פֵּרוּשִׁים: **פָּחַד** **רָעַד**

trembled

מִי נֶחְרַד? **הַשְׁלִימוּ**:

- בְּפָסוּק ט"ז נֶחְרַד ________ . הַפֵּרוּשׁ הוּא: ________

- בְּפָסוּק י"ח נֶחְרַד ________ . הַפֵּרוּשׁ הוּא: ________

4 מָה לְמַדְתֶּם מִשְּׁאֵלוֹת 1–3 עַל מַעֲמַד הַר סִינַי?

scene

5 מָה הָיָה בָּרוּר בַּסְּצֶנָה וּמָה לֹא הָיָה בָּרוּר?

is God revealed

6 לָמָּה ה׳ מִתְגַּלֶּה כָּךְ, לְדַעְתְּכֶם?

to express

7 **בַּחֲרוּ** צְבָעִים מַתְאִימִים כְּדֵי לְבַטֵּא אֶת הַחֲוָיָה **וְצִבְעוּ**.

8 בְּאֵיזֶה עוֹד סִפּוּר בְּסֵפֶר שְׁמוֹת, לָמַדְנוּ עַל הִתְגַּלּוּת ה׳? (פֶּרֶק ג׳ פְּסוּקִים א׳–ד׳)

8א. מָה דּוֹמֶה בִּשְׁתֵּי הַהִתְגַּלֻּיּוֹת?

is present

8ב. מִי נוֹכֵחַ?

- בְּהִתְגַּלּוּת ה׳ בַּסְּנֶה (פֶּרֶק ג׳):
- בְּהִתְגַּלּוּת ה׳ בְּהַר סִינַי (פֶּרֶק י״ט):

8ג. לָמָּה חָשׁוּב שֶׁבְּהִתְגַּלּוּת בְּהַר סִינַי **כָּל** הָעָם נוֹכֵחַ?

9 the scene
לְמָה דוֹמָה הַסְּצֵנָה שֶׁל מַעֲמַד הַר סִינַי? **בַּחֲרוּ וְהַסְבִּירוּ.**

☐ לְצִלּוּם

☐ לְאוֹרוֹת בָּעֲרָפֶל (fog)

☐ לְמוּזִיקָה הַבָּאָה מֵרָחוֹק

☐ לְהֵד בֶּהָרִים

☐ לְסֶרֶט דּוֹקוּמֶנְטָרִי

☐ לְמַשֶּׁהוּ אַחֵר: ______

כִּי ______

______

9א. לָמָה כָּתוּב כָּךְ, לְדַעְתְּכֶם?

- כְּדֵי לְהַדְגִּישׁ (to emphasize) ______
- כְּדֵי לְטַשְׁטֵשׁ (to blur) ______

10 **צַיְּרוּ וְצִבְעוּ** בְּצִבְעֵי מַיִם עַל נְיָר רָטֹב אֶת הַחֲוָיָה בְּהִתְגַּלּוּת ה'.

11 **אֶתְגָּר:** לְפִי אַחַת הַמָּסוֹרוֹת (traditions), **כֻּלָּנוּ** הָיִינוּ נוֹכְחִים (present) בְּמַעֲמַד הַר סִינַי:
הַדּוֹר שֶׁחַי אָז, וְכָל הַדּוֹרוֹת שֶׁבָּאוּ אַחַר כָּךְ.

בְּסֵפֶר **דְּבָרִים** פֶּרֶק כ״ט פְּסוּקִים י״ג-י״ד כָּתוּב שֶׁה׳ אוֹמֵר:

> **...וְלֹא אִתְּכֶם לְבַדְּכֶם** (with you alone) **אָנֹכִי כֹּרֵת** (make) **אֶת-הַבְּרִית הַזֹּאת...**
>
> כִּי **אֶת-אֲשֶׁר יֶשְׁנוֹ פֹּה** עִמָּנוּ... וְאֵת אֲשֶׁר **אֵינֶנּוּ פֹּה** עִמָּנוּ הַיּוֹם

• **הַסְבִּירוּ** אֶת הָרַעְיוֹן.

____

____

11א. לְפִי הַמָּסֹרֶת (tradition) הַזֹּאת גַּם אַתֶּם הִשְׁתַּתַּפְתֶּם בַּחֲוָיָה בְּהַר סִינַי. סַפְּרוּ לְיַלְדֵיכֶם.

____

____

____

____

____

____

מֹשֶׁה עוֹלֶה... מֹשֶׁה יוֹרֵד... (פְּסוּקִים כ׳-כ״ה)

כ׳ וַיֵּרֶד ה׳ עַל-הַר סִינַי אֶל-רֹאשׁ הָהָר,
וַיִּקְרָא ה׳ לְמֹשֶׁה אֶל-רֹאשׁ הָהָר
וַיַּעַל מֹשֶׁה.

כ״א וַיֹּאמֶר ה׳ אֶל-מֹשֶׁה:
״רֵד הָעֵד בָּעָם,
פֶּן[1]-יֶהֶרְסוּ[2] אֶל-ה׳ לִרְאוֹת
וְנָפַל מִמֶּנּוּ רָב.

כ״ב וְגַם הַכֹּהֲנִים הַנִּגָּשִׁים[3] אֶל-ה׳ יִתְקַדָּשׁוּ[4],
פֶּן-יִפְרֹץ[5] בָּהֶם ה׳.״

כ״ג וַיֹּאמֶר מֹשֶׁה אֶל-ה׳:
״לֹא-יוּכַל הָעָם לַעֲלֹת אֶל-הַר סִינָי,
כִּי-אַתָּה הַעֵדֹתָה[6] בָּנוּ לֵאמֹר:
׳הַגְבֵּל אֶת-הָהָר וְקִדַּשְׁתּוֹ.׳ ״

כ״ד וַיֹּאמֶר אֵלָיו ה׳:
״לֶךְ-רֵד וְעָלִיתָ אַתָּה וְאַהֲרֹן עִמָּךְ,
וְהַכֹּהֲנִים וְהָעָם אַל-יֶהֶרְסוּ לַעֲלֹת אֶל-ה׳
פֶּן-יִפְרָץ-בָּם.״

כ״ה וַיֵּרֶד מֹשֶׁה אֶל-הָעָם וַיֹּאמֶר אֲלֵהֶם.

1 **פֶּן:** lest
2 **יֶהֶרְסוּ** (ה-ר-ס)**:** they will break through
3 **הַנִּגָּשִׁים** (נ-ג-ש)**:** approach
4 **יִתְקַדָּשׁוּ** (ק-ד-ש)**:** will make themselves...
5 **יִפְרָץ** (פ-ר-צ)**:** will brust out
6 **הַעֵדֹתָה:** warned

1 **סַמְּנוּ** בְּעַמּוּד 61 בִּצְבָעִים שׁוֹנִים אֶת 2 הַשָּׁרָשִׁים הַמְּנֻגָּדִים (הַהֲפוּכִים). (פָּסוּק כ׳)

הַשָּׁרָשִׁים הֵם: ________ וְ ________

2 **סַמְּנוּ** אֶת הַשָּׁרָשִׁים הָאֵלֶּה בְּכָל הַפְּסוּקִים.

2א. הַשֹּׁרֶשׁ **י ר ד** חוֹזֵר ______ פְּעָמִים.

הַשֹּׁרֶשׁ **ע ל ה** חוֹזֵר ______ פְּעָמִים.

2ב. מָה קָרָה בְּכָל פָּסוּק? **הַשְׁלִימוּ.**

- בְּפָסוּק כ׳: ה׳ ______ עַל ______ וּמֹשֶׁה ______ אֶל ______
- בְּפָסוּק כ״א: ה׳ אָמַר לְמֹשֶׁה לָ______ מִן ______ אֶל ______
- בְּפָסוּק כ״ד: ה׳ אָמַר לְמֹשֶׁה ______ וְ ______ אֶת ______
- בְּפָסוּק כ״ה: מֹשֶׁה ______ אֶל ______

3 **הַקִּיפוּ** אֶת הַמִּלָּה "הַר". הַמִּלָּה חוֹזֶרֶת △ פְּעָמִים.

3א. אֲנַחְנוּ יוֹדְעִים שֶׁהָהָר חָשׁוּב מְאֹד, כִּי:

- ה׳ יוֹרֵד עַל ____________
- מֹשֶׁה עוֹלֶה אֶל ____________
- הָעָם לֹא יוּכַל ____________
- אַהֲרֹן צָרִיךְ ____________
- לַכֹּהֲנִים אָסוּר לְהִתְקָרֵב ____________

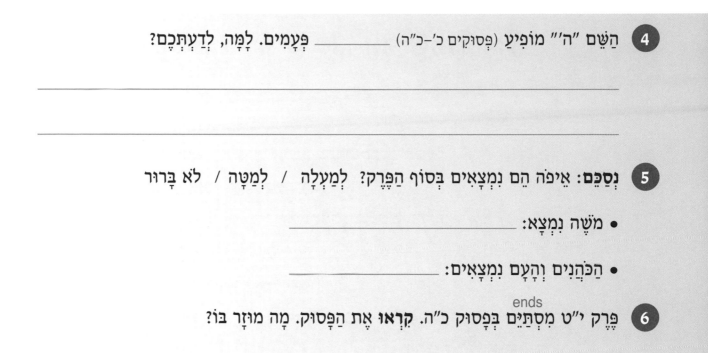

4 הַשֵּׁם "ה'" מוֹפִיעַ (פְּסוּקִים כ'–כ"ה) _____ פְּעָמִים. לָמָּה, לְדַעְתְּכֶם?

_____

_____

5 נְסַכֵּם: אֵיפֹה הֵם נִמְצָאִים בְּסוֹף הַפֶּרֶק? לְמַעְלָה / לְמַטָּה / לֹא בָּרוּר

• מֹשֶׁה נִמְצָא: _____

• הַכֹּהֲנִים וְהָעָם נִמְצָאִים: _____

ends

6 פֶּרֶק י"ט מִסְתַּיֵּם בְּפָסוּק כ"ה. **קִרְאוּ אֶת הַפָּסוּק.** מָה מוּזָר בּוֹ?

_____

_____

בקבוצה

הַאִם ה' קִיֵּם אֶת מָה שֶׁהִבְטִיחַ?

אֲנִי ה' וְהוֹצֵאתִי אֶתְכֶם מִתַּחַת סִבְלֹת מִצְרַיִם
וְהִצַּלְתִּי אֶתְכֶם מֵעֲבֹדָתָם,
וְגָאַלְתִּי אֶתְכֶם בִּזְרוֹעַ נְטוּיָה וּבִשְׁפָטִים גְּדֹלִים.
וְלָקַחְתִּי אֶתְכֶם לִי לְעָם
וְהָיִיתִי לָכֶם לֵא-לֹהִים,
וִידַעְתֶּם כִּי אֲנִי ה' אֱ-לֹהֵיכֶם הַמּוֹצִיא אֶתְכֶם מִתַּחַת סִבְלוֹת מִצְרָיִם.
(שְׁמוֹת פֶּרֶק ו' פְּסוּקִים ו'–ז')

וִהְיִיתֶם לִי סְגֻלָּה מִכָּל-הָעַמִּים...
וְאַתֶּם תִּהְיוּ-לִי מַמְלֶכֶת כֹּהֲנִים וְגוֹי קָדוֹשׁ...
(שְׁמוֹת פֶּרֶק י"ט פְּסוּקִים ה'–ו')

וַיַּעֲנוּ כָל-הָעָם יַחְדָּו וַיֹּאמְרוּ:
כֹּל אֲשֶׁר-דִּבֶּר ה' נַעֲשֶׂה...
(שְׁמוֹת פֶּרֶק י"ט פָּסוּק ח')

- סַמְּנוּ אֶת הַפְּעֻלּוֹת שֶׁה' הִבְטִיחַ לִבְנֵ"י. (פֶּרֶק ו' פְּסוּקִים ו'–ז')

were fulfilled

- אֵילוּ הַבְטָחוֹת קֻיְּמוּ וְאֵלּוּ עֲדַיִן לֹא קֻיְּמוּ? (פֶּרֶק ו' פְּסוּקִים ו'–ז', פֶּרֶק י"ט פְּסוּקִים ה'–ו')

____

- אֵיזֶה "עַם" ה' רוֹצֶה שֶׁבְּנֵ"י יִהְיוּ? (פֶּרֶק י"ט פְּסוּקִים ה'–ו')

____

- מָה הָעָם עוֹנֶה לְמֹשֶׁה? (פֶּרֶק י"ט פָּסוּק ח')

"______________________________"

- מָה ה' צָרִיךְ לָתֵת כְּדֵי שֶׁהָעָם "יַעֲשֶׂה"? (פֶּרֶק י"ט פָּסוּק ח') ______________

הַאִם בנ"י מוּכָנִים?

בקבוצות

- **קִרְאוּ** מִפֶּרֶק י"ד ("קְרִיעַת יַם סוּף") עַד סוֹף פֶּרֶק י"ט.
- **כִּתְבוּ** אֶת הָאֵרוּעִים (events) שֶׁבנ"י עָבְרוּ.

- **בַּחֲרוּ** 4 אֵרוּעִים וְהַסְבִּירוּ אֵיךְ לְדַעְתְּכֶם הֵם הֵכִינוּ אֶת בנ"י לְקַבֵּל אֶת עֲשֶׂרֶת הַדִּבְּרוֹת.

- **צַיְּנוּ** 4 אֵרוּעִים שֶׁלֹּא הֵכִינוּ אֶת בנ"י, לְדַעְתְּכֶם.

רְאוּ עַמּוּד 67

לָמָּה סִדַּרְתֶּם כָּךְ? הַסְבִּירוּ. ____________________

____

____

לִפְנֵיכֶם 10 הַדִּבְּרוֹת, לֹא לְפִי הַסֵּדֶר.

logical
גִּזְרוּ אוֹתָם, **סַדְּרוּ** לְפִי סֵדֶר הֶגְיוֹנִי וְ**הַדְבִּיקוּ** בְּעַמּוּד 66.

✂ -

You are not to testify against your fellow as a false witness | לֹא־תַעֲנֶה בְרֵעֲךָ עֵד שָׁקֶר

✂ -

Honor your father and your mother | כַּבֵּד אֶת־אָבִיךָ וְאֶת־אִמֶּךָ

✂ -

You shall not murder | לֹא תִרְצָח

✂ -

You shall have no other gods beside me | לֹא־יִהְיֶה לְךָ אֱלֹהִים אֲחֵרִים עַל־פָּנָי

✂ -

You shall not commit adultery | לֹא תִנְאָף

✂ -

You shall not covet | לֹא־תַחְמֹד

✂ -

Remember the Sabbath day to make it holy | זָכוֹר אֶת־יוֹם הַשַּׁבָּת לְקַדְּשׁוֹ

✂ -

I am YHVH your God | אָנֹכִי ה' אֱ־לֹהֶיךָ, אֲשֶׁר הוֹצֵאתִיךָ מֵאֶרֶץ מִצְרַיִם

✂ -

You shall not steal | לֹא תִגְנֹב

✂ -

You shall not take the name of YHVH your God in vain | לֹא תִשָּׂא אֶת־שֵׁם־ה' אֱ־לֹהֶיךָ לַשָּׁוְא

✂ ✂

עֲשֶׂרֶת הַדִּבְּרוֹת

מַבָּט כְּלָלִי – פֶּרֶק כ' פְּסוּקִים א'–י"ד

בְּיָחִיד: דִּבֵּר
בְּרַבִּים: דִּבְּרוֹת
נִלְמַד אֶת עֲשֶׂרֶת הַדִּבְּרוֹת

God spoke all these words, saying.	א' וַיְדַבֵּר אֱ-לֹהִים אֵת כָּל־הַדְּבָרִים הָאֵלֶּה לֵאמֹר.
I am YHVH your God Who brought you out of the land of Egypt, out of the house of slaves.	ב' "אָנֹכִי ה' אֱ-לֹהֶיךָ, אֲשֶׁר הוֹצֵאתִיךָ מֵאֶרֶץ מִצְרַיִם מִבֵּית עֲבָדִים.
You shall have no other gods beside me.	ג' לֹא־יִהְיֶה לְךָ אֱלֹהִים אֲחֵרִים עַל־פָּנָי.
You shall make no carved likeness and no image...	ד' לֹא־תַעֲשֶׂה לְךָ פֶסֶל וְכָל־תְּמוּנָה...
You shall not bow to them and you shall not worship them... for I am YHVH your God...	ה' לֹא־תִשְׁתַּחֲוֶה לָהֶם וְלֹא תָעָבְדֵם, כִּי אָנֹכִי ה' אֱ-לֹהֶיךָ...
You shall not take the name of YHVH your God in vain for YHVH will not acquit...	ז' לֹא תִשָּׂא אֶת־שֵׁם־ה' אֱ-לֹהֶיךָ לַשָּׁוְא כִּי לֹא יְנַקֶּה ה'...

69

ח׳	זָכוֹר אֶת־יוֹם הַשַּׁבָּת לְקַדְּשׁוֹ.	Remember the Sabbath day to make it holy.
ט׳	שֵׁשֶׁת יָמִים תַּעֲבֹד וְעָשִׂיתָ כָּל־מְלַאכְתֶּךָ.	Six days you shall work and do your tasks.
י׳	וְיוֹם הַשְּׁבִיעִי שַׁבָּת לַה׳ אֱ-לֹהֶיךָ...	but the seventh day is a Sabbath to YHVH your God...
י״א	כִּי שֵׁשֶׁת־יָמִים עָשָׂה ה׳...	For in six days God made...

י״ב	כַּבֵּד אֶת־אָבִיךָ וְאֶת־אִמֶּךָ,	Honor your father and your mother,
	לְמַעַן יַאֲרִכוּן יָמֶיךָ	so that your days may be long
	עַל הָאֲדָמָה אֲשֶׁר־ה׳ אֱ-לֹהֶיךָ נֹתֵן לָךְ.	on the earth that YHVH has given you.

י״ג	לֹא תִרְצָח	You shall not murder.
	לֹא תִנְאָף	You shall not commit adultery.
	לֹא תִגְנֹב	You shall not steal.
	לֹא־תַעֲנֶה בְרֵעֲךָ עֵד שָׁקֶר.	You are not to testify against your fellow as a false witness.

י״ד	לֹא תַחְמֹד בֵּית רֵעֶךָ,	You shall not covet your fellow man's house,
	לֹא־תַחְמֹד אֵשֶׁת רֵעֶךָ...	You shall not covet your fellow man's wife...

בְּבַקָּשָׁה:

1 **הַשְׁלִימוּ** אֶת הַמִּלִּים הָרִאשׁוֹנוֹת שֶׁל כָּל דִּבֵּר **וְתִקַבְּלוּ** אֶת הַכּוֹתָרוֹת. (לְפִי עַמּוּדִים 69–70)

דִּבֵּר 1 (פָּסוּק ב'):

______ ה' אֱ-לֹהֶיךָ, אֲשֶׁר הוֹצֵאתִיךָ מֵאֶרֶץ מִצְרַיִם מִבֵּית עֲבָדִים

דִּבֵּר 2 (פְּסוּקִים ג'-ו'):

אַתָּה

______ לְךָ אֱ-לֹהִים אֲחֵרִים עַל-פָּנָי

דִּבֵּר 3 (פָּסוּק ז'):

______ אֶת-שֵׁם-ה' אֱ-לֹהֶיךָ לַשָּׁוְא

דִּבֵּר 4 (פְּסוּקִים ח'-י"א):

______-יוֹם הַשַּׁבָּת לְקַדְּשׁוֹ

דִּבֵּר 5 (פָּסוּק י"ב):

______-אָבִיךָ וְאֶת-אִמֶּךָ

דִּבֵּר 6 (פָּסוּק י"ג)

דִּבֵּר 7 (פָּסוּק יג)

דִּבֵּר 8 (פָּסוּק י"ג)

דִּבֵּר 9 (פָּסוּק י"ג)

בְרֵעֲךָ עֵד שָׁקֶר

דִּבֵּר 10 (פָּסוּק י"ד)

בֵּית רֵעֶךָ... אֵשֶׁת רֵעֶךָ

2 **סַמְּנוּ** בְּעַמּוּדִים 69–70:

- בְּצָהֹב אֶת הַשֵּׁמוֹת שֶׁל ה'.
- בְּאָדֹם אֶת הַמִּלָּה "לֹא".
- בְּכָחֹל אֶת הַמִּלָּה "כִּי".

3 אֱ-לֹהִים נִזְכָּר בְּדִבְּרוֹת מס'

10	9	8	7	6	5	4	3	2	1

- כִּי דִּבְּרוֹת אֵלֶּה הֵם מִצְוֹת בֵּין ______________________

mentioned

4 אֱ-לֹהִים לֹא נִזְכָּר בְּדִבְּרוֹת מס'

10	9	8	7	6	5	4	3	2	1

- כִּי דִּבְּרוֹת אֵלֶּה הֵם מִצְוֹת בֵּין ______________________

5 אֵילוּ דִּבְּרוֹת הֵם רַק לִבנ"י, לְדַעְתְּכֶם?

10	9	8	7	6	5	4	3	2	1

- כִּי ______________________________

6 אֵילוּ דִּבְּרוֹת הֵם לְכָל בְּנֵי הָאָדָם, לְדַעְתְּכֶם?

10	9	8	7	6	5	4	3	2	1

- כִּי ______________________________

7 אֵילוּ דִּבְּרוֹת עוֹשִׂים אֶת בנ"י לְ"עַם קָדוֹשׁ", לְדַעְתְּכֶם?

10	9	8	7	6	5	4	3	2	1

- כִּי ______________________________

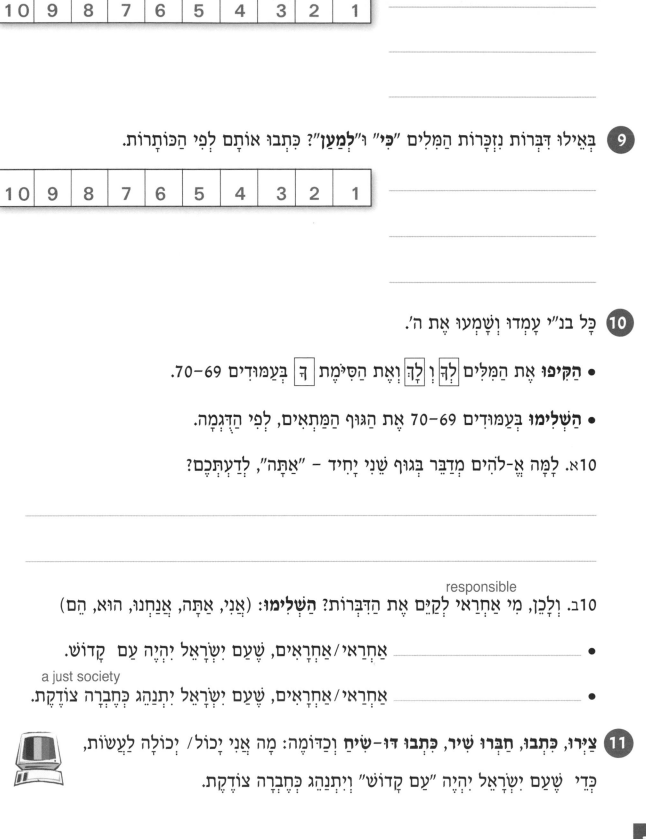

8 בְּאֵילוּ דִּבְּרוֹת **חֲסֵרָה** הַמִּלָּה "**לֹא**"? **כִּתְבוּ** אוֹתָם לְפִי הַכּוֹתָרוֹת בְּעַמּוּד 69–70:

10	9	8	7	6	5	4	3	2	1

____

____

____

9 בְּאֵילוּ דִּבְּרוֹת נִזְכָּרוֹת הַמִּלִּים "**כִּי**" וּ"**לְמַעַן**"? כִּתְבוּ אוֹתָם לְפִי הַכּוֹתָרוֹת.

10	9	8	7	6	5	4	3	2	1

____

____

____

10 כָּל בנ"י עָמְדוּ וְשָׁמְעוּ אֶת ה'.

- **הַקִּיפוּ** אֶת הַמִּלִּים [לְךָ] וְ [לָךְ] וְאֶת הַסִּיֹּמֶת [ךָ] בְּעַמּוּדִים 69–70.
- **הַשְׁלִימוּ** בְּעַמּוּדִים 69–70 אֶת הַגּוּף הַמַּתְאִים, לְפִי הַדֻּגְמָה.

10א. לָמָּה אֱ-לֹהִים מְדַבֵּר בְּגוּף שֵׁנִי יָחִיד - "אַתָּה", לְדַעְתְּכֶם?

____

____

responsible

10ב. וְלָכֵן, מִי אַחְרַאי לְקַיֵּם אֶת הַדִּבְּרוֹת? **הַשְׁלִימוּ**: (אֲנִי, אַתָּה, אֲנַחְנוּ, הוּא, הֵם)

- ______________ אַחְרַאי/אַחְרָאִים, שֶׁעַם יִשְׂרָאֵל יִהְיֶה עַם קָדוֹשׁ.

a just society

- ______________ אַחְרַאי/אַחְרָאִים, שֶׁעַם יִשְׂרָאֵל יִתְנַהֵג כְּחֶבְרָה צוֹדֶקֶת.

11 **צַיְּרוּ**, **כִּתְבוּ**, **חַבְּרוּ שִׁיר**, **כִּתְבוּ דּוּ-שִׂיחַ** וְכַדּוֹמֶה: מָה אֲנִי יָכוֹל/ יְכוֹלָה לַעֲשׂוֹת, כְּדֵי שֶׁעַם יִשְׂרָאֵל יִהְיֶה "עַם קָדוֹשׁ" וְיִתְנַהֵג כְּחֶבְרָה צוֹדֶקֶת.

הַדִּבְּרוֹת שֶׁבֵּין אָדָם לֶאֱ-לֹהִים

פֶּרֶק כ׳ פְּסוּקִים ב׳-י״ב

הַדִּבֵּר הָרִאשׁוֹן - אָנֹכִי ה׳ (פָּסוּק ב׳)

ב׳ אָנֹכִי ה׳ אֱ-לֹהֶיךָ,
אֲשֶׁר הוֹצֵאתִיךָ מֵאֶרֶץ מִצְרַיִם מִבֵּית עֲבָדִים.

I am YHVH your God
Who brought you out of the land of Egypt,
out of the house of slaves.

introduces

1 אֵיךְ ה' מַצִּיג אֶת עַצְמוֹ? (פָּסוּק ב') **כִּתְבוּ** בִּלְשׁוֹנְנוּ.

____

could have

1א. ה' יָכֹל לְהַצִּיג אֶת עַצְמוֹ בְּדֶרֶךְ שׁוֹנָה. אֵיךְ?

- לְמָשָׁל: אָנֹכִי ה' אֱ-לֹהֶיךָ אֲשֶׁר ______________
- לְמָשָׁל: ______________________________________

1ב. לָמָּה ה' מַצִּיג עַצְמוֹ כָּךְ, לְדַעְתְּכֶם?

____

____

____

2 לָמָּה ה' אוֹמֵר "אָנֹכִי ה' אֱ-לֹהֶיךָ" וְלֹא אוֹמֵר: "אָנֹכִי ה' אֱ-לֹהִים", לְדַעְתְּכֶם? (פָּסוּק ב')

____

____

____

3 **הַשְׁלִימוּ:**

- ה' הִצִּיג עַצְמוֹ **לִפְנֵי אַבְרָהָם:** (בְּרֵאשִׁית פֶּרֶק ט"ו פָּסוּק ז')

"אֲנִי ה' ______________________________________"

- ה' הִצִּיג עַצְמוֹ **לִפְנֵי מֹשֶׁה:** (שְׁמוֹת פֶּרֶק ג' פָּסוּק ו')

" אָנֹכִי אֱ-לֹהֵי ____________________________________"

reminded

3א. מָה ה' הִזְכִּיר... **כִּתְבוּ** בִּלְשׁוֹנֵנוּ.

לְאַבְרָהָם? ______

לְמֹשֶׁה? ______

לָעָם? ______

do they have in common

3ב. מָה הַמְּשֻׁתָּף לְכֻלָּם? ______

3ג. לָמָּה ה' הִזְכִּיר לְכָל אֶחָד דָּבָר אַחֵר, לְדַעְתְּכֶם?

______

______

______

4 מָה חָסֵר בַּדִּבֵּר הָרִאשׁוֹן, לְדַעְתְּכֶם?

______

______

______

4א. אַתֶּם שׁוֹמְעִים אֶת הַדִּבֵּר הָרִאשׁוֹן. מָה אַתֶּם מְבִינִים שֶׁאַתֶּם צְרִיכִים לַעֲשׂוֹת?

______

______

______

הַדִּבֵּר הַשֵּׁנִי - לֹא יִהְיֶה (פְּסוּקִים ג׳-ו׳)

ג׳ לֹא-יִהְיֶה לְךָ אֱלֹהִים אֲחֵרִים עַל-פָּנָי.

You shall have no other gods beside me.

ד׳ לֹא-תַעֲשֶׂה לְךָ פֶסֶל וְכָל-תְּמוּנָה
אֲשֶׁר בַּשָּׁמַיִם מִמַּעַל
וַאֲשֶׁר בָּאָרֶץ מִתָּחַת,
וַאֲשֶׁר בַּמַּיִם מִתַּחַת לָאָרֶץ.

You shall make no carved likeness and no image
of what is in the heavens above
or of what is on the earth below,
or of what is in the waters beneath the earth.

ה׳ לֹא-תִשְׁתַּחֲוֶה לָהֶם וְלֹא תָעָבְדֵם,
כִּי אָנֹכִי ה׳ אֱ-לֹהֶיךָ אֵל קַנָּא
פֹּקֵד עֲוֹן אָבֹת עַל-בָּנִים עַל-שִׁלֵּשִׁים
וְעַל-רִבֵּעִים לְשֹׂנְאָי
ו׳ וְעֹשֶׂה חֶסֶד לַאֲלָפִים,
לְאֹהֲבַי וּלְשֹׁמְרֵי מִצְוֹתָי.

You shall not bow to them and you shall not worship them,
for I am YHVH your God, a jealous god,
reckoning the crime of fathers with sons,
with the third generation and the fourth,
for those who hate me
and doing kindness to the thousandth generation,
of those who love Me and keep My commands.

1 **סַמְּנוּ** אֶת הַמִּלָּה "לֹא" (פְּסוּקִים ג'-ו'). הַמִּלָּה "לֹא" חוֹזֶרֶת _______ פְּעָמִים.

2 ה' נוֹתֵן לְעַם יִשְׂרָאֵל חֻקִּים. מָה אָסוּר? **הַשְׁלִימוּ בִּלְשׁוֹנֵנוּ.**

לֹא = אָסוּר

- אָסוּר שֶׁיִּהְיֶה _______________ (פָּסוּק ג')
- אָסוּר לַעֲשׂוֹת _______________ (פָּסוּק ד')
- אָסוּר לְהִשְׁתַּחֲווֹת _______________ (פָּסוּק ה')
- אָסוּר לַעֲבֹד _______________ (פָּסוּק ה')

3 **כִּתְבוּ** אֶת הָרַעְיוֹן שֶׁל הַדִּבֵּר הַשֵּׁנִי (פְּסוּקִים ג'-ה') בְּלִי הַמִּלָּה "לֹא".

- תַּאֲמִינוּ רַק _______________
- תִּשְׁתַּחֲווּ וְתַעַבְדוּ רַק _______________

4 **אֶתְגָּר:** לָמָּה כָּתוּב **מָה אָסוּר** לַעֲשׂוֹת וְלֹא **מָה מֻתָּר** לַעֲשׂוֹת, לְדַעְתְּכֶם?

____

____

____

5 gives details

לָמָּה הַדִּבֵּר הַשֵּׁנִי מְפָרֵט אֶת כָּל מָה שֶׁאָסוּר, לְדַעְתְּכֶם? (פְּסוּקִים ד'-ה')

כִּתְבוּ 2 סִבּוֹת לְפָחוֹת.

____

____

____

6 אַתֶּם אֶחָד מִבנ"י. הַאִם ☐ **קָשֶׁה לָכֶם** ☐ **לֹא קָשֶׁה לָכֶם** לְקַבֵּל אֶת הַדִּבֵּר הַשֵּׁנִי (פְּסוּקִים ג'–ו')? **הַסְבִּירוּ.**

____

____

____

7 הַתְּכוּנָה שֶׁל ה' מְתֹאֶרֶת (is described) בְּמֶטָפוֹרָה. **סַמְּנוּ** אוֹתָהּ. (פָּסוּק ה')

7א. הַיְּחָסִים בֵּין ה' לבנ"י דּוֹמִים לַיְּחָסִים בֵּין בַּעַל לְאִשָּׁה. **הַשְׁלִימוּ.**

כְּמוֹ שֶׁבַּעַל וְאִשָּׁה צְרִיכִים לִהְיוֹת **נֶאֱמָנִים** (faithful) זֶה לְזוֹ,

כָּךְ בנ"י צְרִיכִים לִהְיוֹת ______________ לַה'.

קַנָּא: כּוֹעֵס מְאוֹד עַל מִי שֶׁלֹּא נֶאֱמָן (faithful) לוֹ.

8 **כִּתְבוּ** אֶת הַנִּגּוּדִים. (פְּסוּקִים ה'–ו')

פֹּקֵד עֲוֹן	
לְשֹׂנְאָי	

8א. מָה עוֹשִׂים שׂוֹנְאֵי ה'? ______________

8ב. מָה עוֹשֶׂה ה' לְשׂוֹנְאָיו? ______________

8ג. מָה עוֹשִׂים אוֹהֲבֵי ה'? ______________

8ד. מָה עוֹשֶׂה ה' לְאוֹהֲבָיו? ______________

9 **חִשְׁבוּ** עַל הַחַיִּים שֶׁלָּכֶם:

- **צַיְּרוּ**, **כִּתְבוּ**, **חַבְּרוּ שִׁיר**: דֻּגְמָה לְ"חֶסֶד" שֶׁאָדָם יָכֹל לַעֲשׂוֹת לַחֲבֵרוֹ.

- **צַיְּרוּ**, **כִּתְבוּ**, **חַבְּרוּ שִׁיר**: דֻּגְמָה לְ"חֶסֶד" שֶׁה' עוֹשֶׂה לִבְנֵי אָדָם.

10 כַּמָּה זְמַן נִמְשָׁךְ: does it last

- הָעֹנֶשׁ? ______
- הַחֶסֶד? ______

10א. לָמָּה הַחֶסֶד נִמְשָׁךְ זְמַן רַב יוֹתֵר, לְדַעְתְּכֶם?

______

______

______

11 מָה אַתֶּם חוֹשְׁבִים עַל הָעֹנֶשׁ?

מִצַּד אֶחָד ______

מִצַּד אַחֵר ______

לְדַעְתִּי ______

punishment reward

12 לָמָּה ה' מוֹסִיף שָׂכָר וְעֹנֶשׁ לַדִּבֵּר הַשֵּׁנִי, לְדַעְתְּכֶם?

______

______

______

13 **כִּתְבוּ** אֶת הַמִּלִּים הַחוֹזְרוֹת בִּפְסוּקִים ב', ה'.

"______"

13א. כַּאֲשֶׁר אוֹתָן הַמִּלִּים חוֹזְרוֹת בְּהַתְחָלַת הַקֶּטַע וּבְסוֹפוֹ,

אָנוּ קוֹרְאִים לַזֶּה

לָמָּה יֵשׁ כָּאן חֲזָרָה? ______

______

הַדִּבֵּר הַשְּׁלִישִׁי - לֹא תִשָּׂא (פָּסוּק ז׳)

ז׳ לֹא תִשָּׂא אֶת-שֵׁם-ה׳ אֱ-לֹהֶיךָ לַשָּׁוְא,
כִּי לֹא יְנַקֶּה ה׳
אֵת אֲשֶׁר-יִשָּׂא אֶת-שְׁמוֹ לַשָּׁוְא.

You shall not take the name of YHVH your God in vain,
for YHVH will not acquit
whoever takes God's name in vain.

1 לַמִּלָּה **לַשָּׁוְא** 2 פֵּרוּשִׁים:

לַשָּׁוְא ← **לְחִנָּם** (for no reason)

לַשָּׁוְא ← **לְשֶׁקֶר**

כִּתְבוּ בִּלְשׁוֹנֵנוּ אֶת הַפָּסוּק "לֹא תִשָּׂא אֶת-שֵׁם-ה' אֱ-לֹהֶיךָ לַשָּׁוְא". (פָּסוּק ז')

- לְפִי הַפֵּרוּשׁ הָרִאשׁוֹן: ______________________________

- לְפִי הַפֵּרוּשׁ הַשֵּׁנִי: ______________________________

2 בְּאֵיזֶה מָקוֹם אֲנָשִׁים נִשְׁבָּעִים (swear) לֹא לְשַׁקֵּר? ______________________________

3 מָה לְדַעְתְּכֶם, יִקְרֶה לְ"שֵׁם ה'" אִם אֲנָשִׁים יִשְׂאוּ אוֹתוֹ "לַשָּׁוְא"?

____

4 לְפִי הַדִּבֵּר, מָה יִקְרֶה לְמִי שֶׁנּוֹשֵׂא אֶת שֵׁם ה' "לַשָּׁוְא"? (פָּסוּק ז')

____

5 אַתֶּם שׁוֹמְעִים מִישֶׁהוּ שֶׁאוֹמֵר כָּל הַזְּמַן: "אֲנִי נִשְׁבָּע".
הַאִם אַתֶּם מַאֲמִינִים לוֹ? **הַסְבִּירוּ**.

____

____

6 עַל 2 דִּבְּרוֹת אֱ-לֹהִים לֹא סוֹלֵחַ. מָה הֵם?

- ______________________________
- ______________________________

6א. אֲנַחְנוּ לוֹמְדִים אֶת זֶה מִן הַבִּטּוּיִים הָאֵלֶּה:

"______________" (פָּסוּק ______) "______________" (פָּסוּק ______)

נְסַכֵּם: פְּסוּקִים ב'-ז'

1. מָה הַמְּשֻׁתָּף לִשְׁלֹשֶׁת הַדִּבְּרוֹת הָאֵלֶּה? ____________

2. מָה הַתְּכוּנוֹת שֶׁל אֱ-לֹהִים, לְפִי 3 הַדִּבְּרוֹת הָאֵלֶּה?

____

____

____

3. אַתֶּם אַחַד מִבנ"י. אַחֲרֵי 400 שָׁנָה בְּמִצְרַיִם, יֵשׁ לָכֶם חֻקִּים חֲדָשִׁים!

מָה אַתֶּם חוֹשְׁבִים?	מָה אַתֶּם מַרְגִּישִׁים?
____________	____________
____________	____________
____________	____________

4. בְּמָה הָאֱמוּנָה שֶׁל בנ"י תִּהְיֶה שׁוֹנָה? **הַשְׁלִימוּ.**

עַמִּים אֲחֵרִים	בְּנֵי יִשְׂרָאֵל
יֵשׁ לָהֶם הַרְבֵּה אֱלִילִים (gods) ←	____________
לָאֱלִילִים יֵשׁ דְּמוּת וְיֵשׁ צוּרָה ←	____________
הֵם עוֹבְדִים אֱלֹהִים אֲחֵרִים ←	____________

4א. בְּאֵיזוֹ אֱמוּנָה קַל יוֹתֵר לְהַאֲמִין – שֶׁל עוֹבְדֵי הָאֱלִילִים, אוֹ שֶׁל עַם יִשְׂרָאֵל? לָמָּה, לְדַעְתְּכֶם? ____________

____

הַדִּבֵּר הָרְבִיעִי - זָכוֹר אֶת (פְּסוּקִים ח'-י"א)

ח'	זָכוֹר אֶת-יוֹם הַשַּׁבָּת לְקַדְּשׁוֹ.	Remember the Sabbath day to make it holy.
ט'	שֵׁשֶׁת יָמִים תַּעֲבֹד וְעָשִׂיתָ כָּל-מְלַאכְתֶּךָ.	Six days you shall work and do your tasks.
י'	וְיוֹם הַשְּׁבִיעִי שַׁבָּת לַה' אֱ-לֹהֶיךָ,	But the seventh day is a Sabbath to YHVH your God.
	לֹא-תַעֲשֶׂה כָל-מְלָאכָה	You shall do no task,
	אַתָּה וּבִנְךָ וּבִתֶּךָ עַבְדְּךָ וַאֲמָתְךָ	you and your son and your daughter, your male slave and your slave girl
	וּבְהֶמְתֶּךָ וְגֵרְךָ אֲשֶׁר בִּשְׁעָרֶיךָ,	and your beast and your sojourner who is within your gates,
י"א	כִּי שֵׁשֶׁת-יָמִים עָשָׂה ה' אֶת-הַשָּׁמַיִם וְאֶת-הָאָרֶץ	For six days did YHVH make the heavens and the earth,
	אֶת-הַיָּם וְאֶת-כָּל-אֲשֶׁר-בָּם	the sea and all that is in it,
	וַיָּנַח בַּיּוֹם הַשְּׁבִיעִי.	and rested on the seventh day.
	עַל-כֵּן בֵּרַךְ ה' אֶת-יוֹם הַשַּׁבָּת וַיְקַדְּשֵׁהוּ.	Therefore did YHVH bless the Sabbath day and make it holy.

1 **סַמְּנוּ** בִּצְבָעִים אֶת הַמִּלִּים הַחוֹזְרוֹת. (פְּסוּקִים ח׳–י״א)

2 **הַשְׁלִימוּ** בִּלְשׁוֹן הַתּוֹרָה:

מָה עָשָׂה אֱ-לֹהִים	מָה יַעֲשֶׂה הָאָדָם
• כִּי שֵׁשֶׁת-יָמִים	• שֵׁשֶׁת יָמִים
•	•
•	•

3 מָה הַקֶּשֶׁר בֵּין בְּרִיאַת הָעוֹלָם לְבֵין הַדִּבֵּר ״זָכוֹר״?

כְּמוֹ **שֶׁאֱ-לֹהִים** ______

______

כָּךְ **גַּם הָאָדָם** ______

______

4 אֵיךְ אַתֶּם מְקַדְּשִׁים אֶת הַשַּׁבָּת? צַיְּרוּ, כִּתְבוּ, חַבְּרוּ שִׁיר, הָכִינוּ קוֹלָז'.

עוֹד עַל שְׁמִירַת הַשַּׁבָּת

דְּבָרִים פֶּרֶק ה׳ פְּסוּקִים י״ב-ט״ו

1 עֲשֶׂרֶת הַדִּבְּרוֹת מוֹפִיעִים גַּם בְּסֵפֶר דְּבָרִים. הֵם דּוֹמִים אֲבָל גַּם שׁוֹנִים.

סַמְּנוּ בִּצְבָעִים שׁוֹנִים אֶת **הַדּוֹמֶה** וְאֶת **הַשּׁוֹנֶה** בִּשְׁנֵי הַמְּקוֹמוֹת.

שְׁמוֹת פֶּרֶק כ׳	דְּבָרִים פֶּרֶק ה׳
ח׳ זָכוֹר אֶת-יוֹם הַשַּׁבָּת לְקַדְּשׁוֹ.	י״ב שָׁמוֹר אֶת-יוֹם הַשַּׁבָּת לְקַדְּשׁוֹ כַּאֲשֶׁר צִוְּךָ ה׳ אֱ-לֹהֶיךָ.
ט׳ שֵׁשֶׁת יָמִים תַּעֲבֹד וְעָשִׂיתָ כָּל-מְלַאכְתֶּךָ.	י״ג שֵׁשֶׁת יָמִים תַּעֲבֹד וְעָשִׂיתָ כָּל-מְלַאכְתֶּךָ.
י׳ וְיוֹם הַשְּׁבִיעִי שַׁבָּת לַה׳ אֱ-לֹהֶיךָ, לֹא-תַעֲשֶׂה כָל-מְלָאכָה אַתָּה וּבִנְךָ וּבִתֶּךָ עַבְדְּךָ וַאֲמָתְךָ וּבְהֶמְתֶּךָ וְגֵרְךָ אֲשֶׁר בִּשְׁעָרֶיךָ,	י״ד וְיוֹם הַשְּׁבִיעִי שַׁבָּת לַה׳ אֱ-לֹהֶיךָ, לֹא תַעֲשֶׂה כָל-מְלָאכָה אַתָּה וּבִנְךָ-וּבִתֶּךָ וְעַבְדְּךָ-וַאֲמָתֶךָ וְשׁוֹרְךָ וַחֲמֹרְךָ וְכָל-בְּהֶמְתֶּךָ וְגֵרְךָ אֲשֶׁר בִּשְׁעָרֶיךָ לְמַעַן יָנוּחַ עַבְדְּךָ וַאֲמָתְךָ כָּמוֹךָ.
י״א כִּי שֵׁשֶׁת-יָמִים עָשָׂה ה׳ אֶת-הַשָּׁמַיִם וְאֶת-הָאָרֶץ אֶת-הַיָּם וְאֶת-כָּל-אֲשֶׁר-בָּם וַיָּנַח בַּיּוֹם הַשְּׁבִיעִי, עַל-כֵּן בֵּרַךְ ה׳ אֶת-יוֹם הַשַּׁבָּת וַיְקַדְּשֵׁהוּ.	ט״ו וְזָכַרְתָּ כִּי עֶבֶד הָיִיתָ בְּאֶרֶץ מִצְרַיִם וַיֹּצִאֲךָ ה׳ אֱ-לֹהֶיךָ מִשָּׁם בְּיָד חֲזָקָה וּבִזְרֹעַ נְטוּיָה, עַל-כֵּן צִוְּךָ ה׳ אֱ-לֹהֶיךָ לַעֲשׂוֹת אֶת-יוֹם הַשַּׁבָּת.

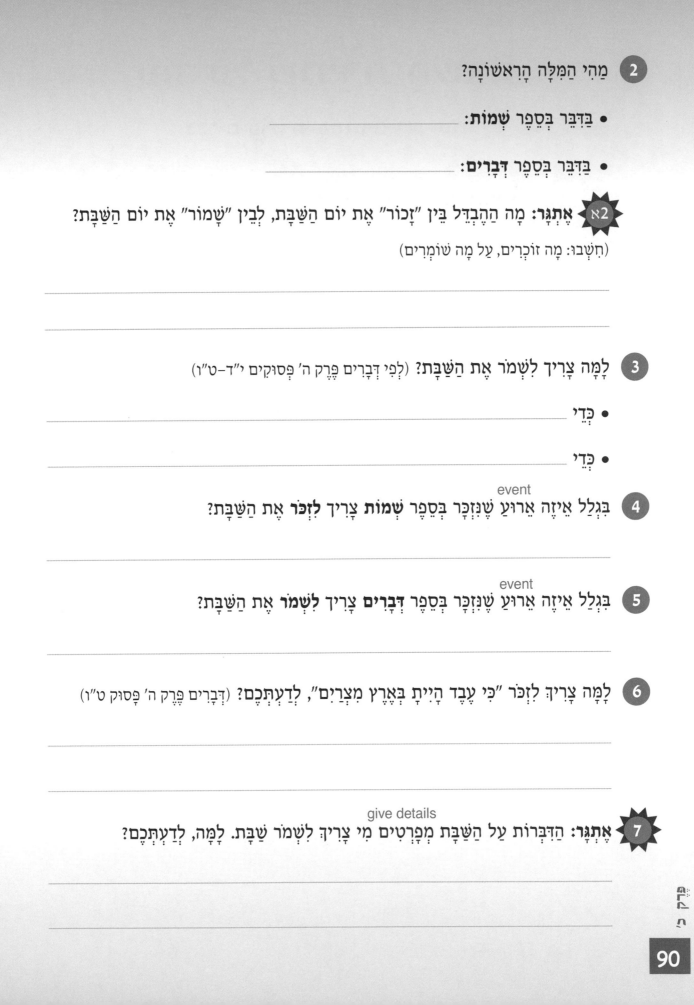

2 מַהִי הַמִּלָּה הָרִאשׁוֹנָה?

- **בַּדִּבֵּר בְּסֵפֶר שְׁמוֹת:** ____________________
- **בַּדִּבֵּר בְּסֵפֶר דְּבָרִים:** ____________________

2א **אֶתְגָּר:** מָה הַהֶבְדֵּל בֵּין "זָכוֹר" אֶת יוֹם הַשַּׁבָּת, לְבֵין "שָׁמוֹר" אֶת יוֹם הַשַּׁבָּת?

(חִשְׁבוּ: מָה זוֹכְרִים, עַל מָה שׁוֹמְרִים)

____

____

3 לָמָּה צָרִיךְ לִשְׁמֹר אֶת הַשַּׁבָּת? (לְפִי דְּבָרִים פֶּרֶק ה׳ פְּסוּקִים י"ד–ט"ו)

- כְּדֵי ____________________
- כְּדֵי ____________________

event

4 בִּגְלַל אֵיזֶה אֵרוּעַ שֶׁנִּזְכָּר בְּסֵפֶר **שְׁמוֹת** צָרִיךְ **לִזְכֹּר** אֶת הַשַּׁבָּת?

____

event

5 בִּגְלַל אֵיזֶה אֵרוּעַ שֶׁנִּזְכָּר בְּסֵפֶר **דְּבָרִים** צָרִיךְ **לִשְׁמֹר** אֶת הַשַּׁבָּת?

____

6 לָמָּה צָרִיךְ לִזְכֹּר "כִּי עֶבֶד הָיִיתָ בְּאֶרֶץ מִצְרַיִם", **לְדַעְתְּכֶם?** (דְּבָרִים פֶּרֶק ה׳ פָּסוּק ט"ו)

____

____

give details

7 **אֶתְגָּר:** הַדִּבְּרוֹת עַל הַשַּׁבָּת מְפָרְטִים מִי צָרִיךְ לִשְׁמֹר שַׁבָּת. לָמָּה, לְדַעְתְּכֶם?

____

____

8 **קִרְאוּ** אֶת הַתְּפִלָּה. **כִּתְבוּ** אֶת שֵׁם הַתְּפִלָּה.

8א. לָמָּה זֶה הַשֵּׁם שֶׁל הַתְּפִלָּה?

בָּרוּךְ אַתָּה יְיָ אֱ-לֹהֵינוּ מֶלֶךְ
הָעוֹלָם, אֲשֶׁר קִדְּשָׁנוּ בְּמִצְוֹתָיו
וְרָצָה בָנוּ, וְשַׁבַּת קָדְשׁוֹ בְּאַהֲבָה
וּבְרָצוֹן הִנְחִילָנוּ זִכָּרוֹן לְמַעֲשֵׂה
בְרֵאשִׁית, כִּי הוּא יוֹם תְּחִלָּה לְמִקְרָאֵי
קֹדֶשׁ, זֵכֶר לִיצִיאַת מִצְרָיִם, כִּי בָנוּ בָחַרְתָּ
וְאוֹתָנוּ קִדַּשְׁתָּ מִכָּל הָעַמִּים, וְשַׁבַּת קָדְשְׁךָ
בְּאַהֲבָה וּבְרָצוֹן הִנְחַלְתָּנוּ. בָּרוּךְ אַתָּה יְיָ,
מְקַדֵּשׁ הַשַּׁבָּת.

9 מָה הֵם 2 הַדְּבָרִים הַ"קְּדוֹשִׁים", לְפִי הַתְּפִילָה?

10 **סַמְּנוּ** בִּצְבָעִים אֶת הַשֹּׁרֶשׁ **ק-ד-ש**, וְאֶת הַמִּלָּה "**שַׁבָּת**".

11 בַּ"קִּדּוּשׁ", הַ**שַּׁבָּת** הִיא זִכָּרוֹן לִשְׁנֵי מַעֲשִׂים שֶׁל ה'. **הַקִּיפוּ** בְּמַלְבֵּן .

11א. הַמַּעֲשִׂים הֵם:

הַדִּבֵּר הַחֲמִישִׁי - כַּבֵּד אֶת (פָּסוּק י"ב)

Honor your father and your mother,	י"ב כַּבֵּד אֶת־אָבִיךָ וְאֶת־אִמֶּךָ,
so that your days may be long	לְמַעַן יַאֲרִכוּן יָמֶיךָ
on the earth that YHVH your God has given you.	עַל הָאֲדָמָה אֲשֶׁר־ה' אֱ-לֹהֶיךָ נֹתֵן לָךְ.

1 סַמְּנוּ בִּצְבָעִים: אֶת הַמִּצְוָה, אֶת הַשָּׂכָר, אֶת שֵׁם ה'.

2 שַׁאֲלוּ שְׁאֵלוֹת עַל: "כַּבֵּד אֶת־אָבִיךָ וְאֶת־אִמֶּךָ".

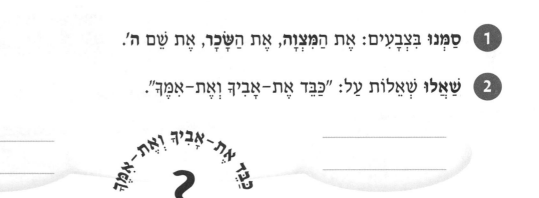

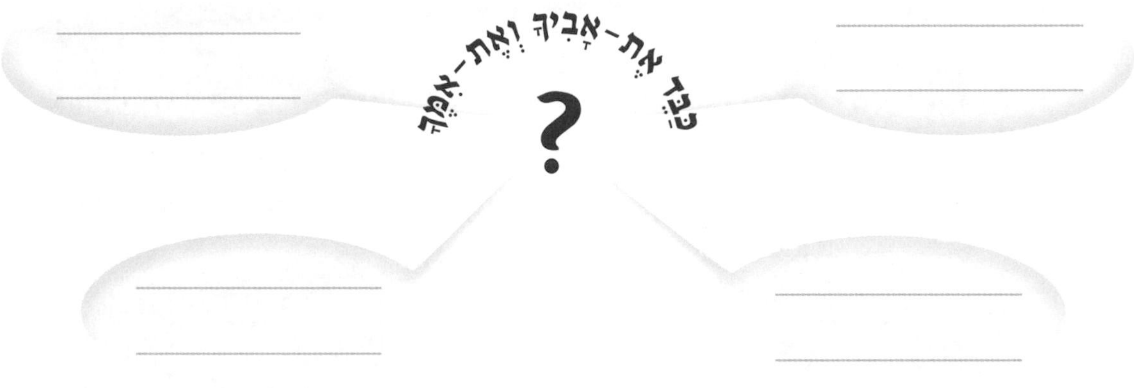

3 כִּתְבוּ 2-3 דֻּגְמָאוֹת שֶׁמַּרְאוֹת כִּבּוּד אָב וָאֵם, לְדַעְתְּכֶם.

_____

_____

_____

_____

_____

4 לָמָּה יֵשׁ מִצְוָה הַקְּשׁוּרָה לַהוֹרִים, לְדַעְתְּכֶם?

_____

_____

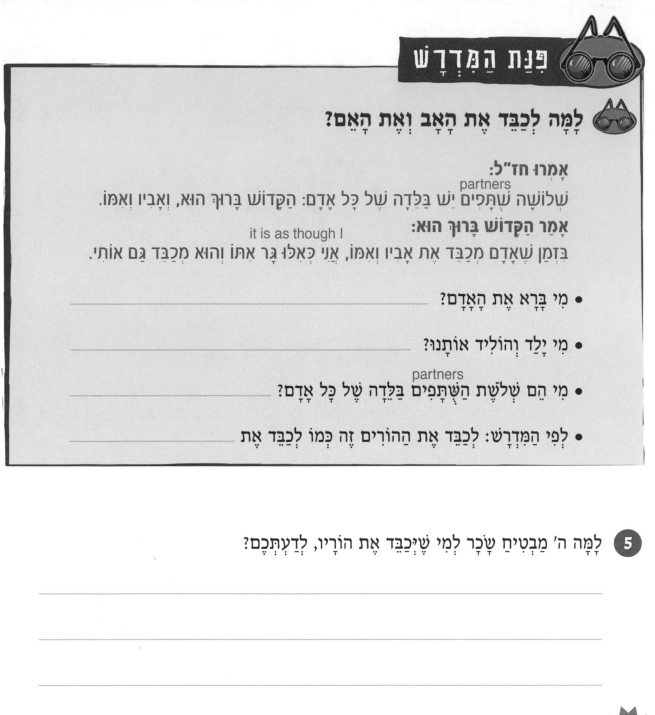

פִּנַּת הַמִּדְרָשׁ

לָמָּה לְכַבֵּד אֶת הָאָב וְאֶת הָאֵם?

אָמְרוּ חז"ל:

שְׁלוֹשָׁה שֻׁתָּפִים (partners) יֵשׁ בַּלֵּדָה שֶׁל כָּל אָדָם: הַקָּדוֹשׁ בָּרוּךְ הוּא, וְאָבִיו וְאִמּוֹ.

אָמַר הַקָּדוֹשׁ בָּרוּךְ הוּא:

בִּזְמַן שֶׁאָדָם מְכַבֵּד אֶת אָבִיו וְאִמּוֹ, אֲנִי כְּאִלּוּ גָּר אִתּוֹ (it is as though I) וְהוּא מְכַבֵּד גַּם אוֹתִי.

- מִי בָּרָא אֶת הָאָדָם? ____________________
- מִי יָלַד וְהוֹלִיד אוֹתָנוּ? ____________________
- מִי הֵם שְׁלֹשֶׁת הַשֻּׁתָּפִים (partners) בַּלֵּדָה שֶׁל כָּל אָדָם? ____________________
- לְפִי הַמִּדְרָשׁ: לְכַבֵּד אֶת הַהוֹרִים זֶה כְּמוֹ לְכַבֵּד אֶת ____________________

5 לָמָּה ה' מַבְטִיחַ שָׂכָר לְמִי שֶׁיְּכַבֵּד אֶת הוֹרָיו, לְדַעְתְּכֶם?

____

____

____

6 **אֶתְגָּר:** הַדִּבֵּר הַחֲמִישִׁי "כַּבֵּד אֶת" נִמְצָא **בְּסוֹף** הַדִּבְּרוֹת שֶׁבֵּין אָדָם לֶאֱ-לֹהִים **וְלִפְנֵי** 5 הַדִּבְּרוֹת שֶׁבֵּין אָדָם לַחֲבֵרוֹ. לָמָּה, לְדַעְתְּכֶם?

____

____

____

הַדְּבָרִים שֶׁבֵּין אָדָם לְרֵעֵהוּ (לַחֲבֵרוֹ)

פֶּרֶק כ׳ פְּסוּקִים י״ג-י״ד

י״ג	לֹא תִרְצָח	You shall not murder.
	לֹא תִנְאָף	You shall not commit adultery.
	לֹא תִגְנֹב	You shall not steal.
	לֹא-תַעֲנֶה בְרֵעֲךָ עֵד שָׁקֶר.	You are not to testify against your fellow as a false witness.
י״ד	לֹא תַחְמֹד בֵּית רֵעֶךָ,	You shall not covet your fellow man's house,
	לֹא-תַחְמֹד אֵשֶׁת רֵעֶךָ	You shall not covet your fellow man's wife
	וְעַבְדּוֹ וַאֲמָתוֹ וְשׁוֹרוֹ וַחֲמֹרוֹ וְכֹל אֲשֶׁר לְרֵעֶךָ.	or his male slave, or his slavegirl, or his ox, or his donkey, or anything that your fellow man has.

קְבוּצוֹת 1

לְכָל קְבוּצָה דִּבֵּר אֶחָד. (פְּסוּקִים י״ג–י״ד)

• הַדִּבֵּר הוּא:

• **שַׁאֲלוּ** שְׁאֵלוֹת עַל הַדִּבֵּר.

דּוּנוּ:

• לָמָּה הַדִּבֵּר כָּל כָּךְ קָצָר?

• הַאִם בְּנֵי אָדָם יְכוֹלִים לִחְיוֹת לְפִי הַדִּבֵּר הַזֶּה, כְּמוֹ שֶׁהוּא כָּתוּב? **הַסְבִּירוּ**.

• הַאִם בֵּית מִשְׁפָּט יָכֹל לִשְׁפֹּט לְפִי הַדִּבֵּר הַזֶּה, כְּמוֹ שֶׁהוּא כָּתוּב? **הַסְבִּירוּ**.

• לָמָּה בְּסִפְרֵי הַחֻקִּים יֵשׁ הַרְבֵּה מְאֹד חֻקִּים בְּנוֹשֵׂא שֶׁל הַדִּבֵּר הַזֶּה, וּבַעֲשֶׂרֶת הַדִּבְּרוֹת יֵשׁ רַק חֹק אֶחָד?

2 אֵיזֶה דִּבֵּר אוֹ דִּבְּרוֹת עוֹזְרִים לִשְׁמֹר:

property

עַל הָרְכוּשׁ: ______

עַל הַמִּשְׁפָּחָה: ______

עַל הַחַיִּים: ______

עַל הַצֶּדֶק וְהַמִּשְׁפָּט: ______

that lead to

מִפְּנֵי רְגָשׁוֹת שֶׁמּוֹבִילִים לְמַעֲשִׂים לֹא טוֹבִים: ______

3 **לָמָּה ה׳ לֹא נִזְכָּר בְּ-5 הַדִּבְּרוֹת הָאֵלֶּה?** (פְּסוּקִים י״ג-י״ד)

______

______

4 **לָמָּה, כְּדֵי לִהְיוֹת ״עַם סְגֻלָּה״, צָרִיךְ לִשְׁמֹר גַּם עַל 5 הַדִּבְּרוֹת הָאֵלֶּה? הַסְבִּירוּ.**

______

______

______

______

5 **אֵיזֶה דִּבֵּר מִ-5 הַדִּבְּרוֹת הָאַחֲרוֹנִים הוּא שׁוֹנֶה?** ______

5א. בְּמָה הוּא שׁוֹנֶה? ______

______

______

avoid coveting

6 אֵיךְ אֶפְשָׁר לְהִזָּהֵר מִלַּחְמֹד? **כִּתְבוּ** 2 אֶפְשָׁרֻיּוֹת.

-

-

7 לָמָּה נָתַן ה' אֶת הַדִּבֵּר הַ-10, לְדַעְתְּכֶם?

8 לָמָּה 5 הַדִּבְּרוֹת "בֵּין אָדָם לְרֵעֵהוּ" הֵם כָּל כָּךְ קְצָרִים, לְדַעְתְּכֶם?

לְסִכּוּם עֲשֶׂרֶת הַדִּבְּרוֹת

plaque

- בְּבָתֵּי מִשְׁפָּט רַבִּים בָּעוֹלָם יֵשׁ עַל הַקִּיר כְּרָזָה וְעָלֶיהָ כְּתוּבִים עֲשֶׂרֶת הַדִּבְּרוֹת. לָמָּה, לְדַעְתְּכֶם?

changed

- כֵּיצַד שִׁנָּה מַעֲמַד הַר סִינַי אֶת עַם יִשְׂרָאֵל, לְדַעְתְּכֶם?

- אִלּוּ הֱיִיתֶם יְכוֹלִים לְהוֹסִיף עוֹד דִּבְּרוֹת מָה הֱיִיתֶם מוֹסִיפִים?

לָמָּה כָּל הַדּוֹרוֹת זוֹכְרִים אֶת **מַעֲמַד הַר סִינַי**, לְדַעְתְּכֶם?

הָכִינוּ טֶקֶס לִכְבוֹד קַבָּלַת 10 הַדִּבְּרוֹת וּמַעֲמַד הַר סִינַי.

חִשְׁבוּ עַל: מוּזִיקָה, תְּפִילּוֹת, קְטָעִים לִקְרִיאָה וְכַדּוֹמֶה.

your choice

הַסְבִּירוּ אֶת בְּחִירַתְכֶם.

amazing

אַתֶּם אַחַד מִבנ"י. מָה שֶׁקָּרָה בְּהַר סִינַי הָיָה גַּם מַדְהִים וְגַם מַפְחִיד.

אַתֶּם רוֹצִים שֶׁגַּם הַדּוֹרוֹת הַבָּאִים יִזְכְּרוּ אֶת הָאֵרוּעַ.

express

הַבִּיעוּ אֶת הַחֲוָיָה וְאֶת הַתְּגוּבוֹת שֶׁלָּכֶם בְּלִי מִלִּים: בְּשִׁיר, בְּצִיּוּר רָגִיל,

בְּצִיּוּר בְּצִבְעֵי מַיִם עַל נְיַר רָטֹב אוֹ בְּדֶרֶךְ אַחֶרֶת.

(**קִרְאוּ** פֶּרֶק י"ט פְּסוּקִים י"ח-י"ט וּפֶרֶק כ' פְּסוּקִים ט"ו-י"ח.)

הַתְּגוּבָה שֶׁל הָעָם

פֶּרֶק כ' פְּסוּקִים ט"ו–י"ח

ט"ו   וְכָל־הָעָם רֹאִים

אֶת־הַקּוֹלֹת[1] וְאֶת־הַלַּפִּידִם[2] וְאֵת קוֹל הַשֹּׁפָר

וְאֶת־הָהָר עָשֵׁן,

וַיַּרְא הָעָם

וַיָּנֻעוּ[3]

וַיַּעַמְדוּ מֵרָחֹק.

[1] הַקּוֹלֹת: thunder

[2] הַלַּפִּידִם: lightning

[3] וַיָּנֻעוּ (נ–ו–ע): הֵם זָזוּ

[4] לְבַעֲבוּר נַסּוֹת אֶתְכֶם: כְּדֵי לִבְחֹן אֶתְכֶם
to put you through a special experience (a "refining" proces)

[5] יִרְאָתוֹ (י–ר–א): fear of Him

[6] לְבִלְתִּי תֶחֱטָאוּ: לֹא תֶחֶטְאוּ –
to keep you from sinning

ט"ז   וַיֹּאמְרוּ אֶל־מֹשֶׁה:

"דַּבֶּר־אַתָּה עִמָּנוּ וְנִשְׁמָעָה,

וְאַל־יְדַבֵּר עִמָּנוּ אֱ־לֹהִים

פֶּן־נָמוּת."

י"ז   וַיֹּאמֶר מֹשֶׁה אֶל־הָעָם:

"אַל־תִּירָאוּ

כִּי לְבַעֲבוּר נַסּוֹת אֶתְכֶם[4] בָּא הָאֱ־לֹהִים,

וּבַעֲבוּר תִּהְיֶה יִרְאָתוֹ[5] עַל־פְּנֵיכֶם לְבִלְתִּי תֶחֱטָאוּ[6]."

י"ח   וַיַּעֲמֹד הָעָם מֵרָחֹק,

וּמֹשֶׁה נִגַּשׁ אֶל־הָעֲרָפֶל אֲשֶׁר־שָׁם הָאֱ־לֹהִים.

1 אֵילוּ 4 דְּבָרִים כָּל הָעָם "רוֹאִים"? (פָּסוּק ט"ו)

אֶת _____

אֶת _____

אֶת _____

וְאֶת _____

1א. אֵילוּ דְּבָרִים אִי אֶפְשָׁר לִרְאוֹת?

_____

1ב. כִּתְבוּ עוֹד פֵּרוּשׁ לַמִּלָּה "רוֹאִים".

_____

2 בְּעֶזְרַת אֵילוּ חוּשִׁים הָעָם מַרְגִּישׁ אֶת נוֹכְחוּת ה'?
the presence of

_____

3 לַשֹּׁרֶשׁ **י-ר-א** שְׁנֵי פֵּרוּשִׁים:

| י-ר-א |

→ לְפַחֵד

→ לְהַאֲמִין (יִרְאַת שָׁמַיִם)

event
3א. אֵיךְ הֵגִיב הָעָם לָאֵרוּעַ הַזֶּה? חִשְׁבוּ עַל 2 הַפֵּרוּשִׁים.

_____

3ב. לָמָה הָעָם הֵגִיב כָּכָה, לְדַעְתְּכֶם?

_____

4 מָה בִּקְּשׁוּ בנ"י מִמֹּשֶׁה? (פָּסוּק ט"ז) ____________

4א. מִמָּה פָּחֲדוּ בנ"י? ____________

4ב. לָמָּה הֵם פָּחֲדוּ, לְדַעְתְּכֶם? ____________

____

5 סַמְּנוּ אֶת הַמִּלִּים הַדּוֹמוֹת בַּתְּגוּבוֹת.

הַתְּגוּבָה שֶׁל בנ"י כַּאֲשֶׁר הֵם רָאוּ אֶת מִצְרַיִם מֵתִים עַל שְׂפַת הַיָּם:

וַיַּרְא יִשְׂרָאֵל אֶת-הַיָּד הַגְּדֹלָה אֲשֶׁר עָשָׂה ה' בְּמִצְרַיִם

וַיִּירְאוּ הָעָם אֶת-ה', וַיַּאֲמִינוּ בַּה' וּבְמֹשֶׁה עַבְדּוֹ.

(פֶּרֶק י"ד פָּסוּק ל"א)

הַתְּגוּבָה שֶׁל בנ"י בְּמַעֲמַד הַר סִינַי:

וְכָל-הָעָם רֹאִים אֶת-הַקּוֹלֹת וְאֶת-הַלַּפִּידִם וְאֵת קוֹל הַשֹּׁפָר

וְאֶת-הָהָר עָשֵׁן, וַיַּרְא הָעָם וַיָּנֻעוּ וַיַּעַמְדוּ מֵרָחֹק.

(פֶּרֶק כ' פָּסוּק ט"ו)

5א. מָה שׁוֹנֶה בַּתְּגוּבוֹת?

- בַּתְּגוּבָה עַל מִצְרַיִם - הָעָם ____________
- בַּתְּגוּבָה עַל מַעֲמַד הַר סִינַי - הָעָם ____________

5ב. לָמָּה הַתְּגוּבוֹת שׁוֹנוֹת, לְדַעְתְּכֶם?

____

____

6 מֹשֶׁה חוֹשֵׁב שֶׁהַפַּחַד יַעֲזֹר לִבנ"י לֹא לַחְטֹא. **מָה דַּעְתְּכֶם?** (פָּסוּק ט"ז)

7 לְפִי הָרַמְבָּ"ן, הָאֵרוּעִים בִּפְסוּקִים ט"ו-י"ח קָרוּ **לִפְנֵי** שֶׁה' נָתַן אֶת עֲשֶׂרֶת הַדִּבְּרוֹת.

מָה דַּעְתְּכֶם?